Dr. Peter R. Fischer

„Bewegte Schule“

Sinnvolle Integration von Bewegung und Entspannung in der Schule

WEKA Fachverlag
für Behörden und Institutionen

Wichtiger Hinweis
Die Daten und Informationen in diesem Buch wurden mit größter Sorgfalt zusammengestellt. Die zum Teil uneinheitlichen Ergebnisse von Forschung und Rechtsprechung lassen eine absolute Fehlerfreiheit nicht zu.
Obwohl alles getan wurde, um die in diesem Buch enthaltenen Informationen zum Zeitpunkt der Veröffentlichung aktuell und korrekt zu halten, kann keine Garantie für Fehlerfreiheit gegeben werden.

Die Deutsche Bibliothek – CIP-Einheitsaufnahme

Fischer, Peter:
Bewegte Schule : sinnvolle Integration von Bewegung und Entspannung in der Schule / Peter Fischer. –
Kissing : WEKA, Fachverl. für Behörden und Institutionen, 2000
ISBN 3-8276-9489-2

Satz: Satzstudio 90, A. Kretschmer, 86556 Kühbach
Druck: Kessler, 86399 Bobingen
Printed in Germany 2000
ISBN: 3-8276-9489-2

Inhaltsverzeichnis

1 Einleitung

Immer mehr Kinder bewegen sich immer weniger! Obwohl dieser Tatbestand nachgewiesenermaßen zu ständig größeren Problemen bei den Kindern und damit zu Kosten für das Gesundheitswesen führt, machen die Politiker aufgrund kurzfristiger Sparerfolge das Gegenteil von dem, was eigentlich angesagt sein sollte. Sie kürzen den Sportunterricht anstatt ihn zu erhöhen, um den Kindern wenigstens ein Mindestmaß an Bewegung zu sichern. Auch wissenschaftlich gesicherte Ergebnisse, die besagen, dass mehr lernen mit weniger Bewegung weniger bringt (Wasmund-Bodenstedt 1982 und Bös/Obst 1997a), werden aus Opportunitätsgründen ignoriert. Denn Eltern beschweren sich nicht, wenn der Sportunterricht ausfällt, dafür um so mehr, wenn Deutsch oder Mathematik gekürzt werden. Bewegungsreize sind aber gerade für eine gesunde körperliche und geistige Entwicklung sehr wichtig.

Was kann man tun? Neben verstärkter Aufklärung geht es natürlich auch darum, den betroffenen Kindern zusätzliche Bewegungsgelegenheiten zu bieten. Aufgrund der immer stärker eingeschränkten Bewegungsmöglichkeiten von Kindern und Jugendlichen und der vermehrt auftretenden Sitztätigkeiten auch außerhalb der Schule wird künftig dem Spiel- und Bewegungsleben in der Schule (in den Schulpausen, mittags und z. T. auch während des Unterrichts) eine wachsende Bedeutung zukommen.
„Bewegte Schule" ist ein Beitrag zur ganzheitlichen Gesundheitserziehung in der Schule im Sinne eines Ausgleichs zu primär geistiger und sitzender Beanspruchung als aktive Mobilisierung. Welchen Stellenwert die Bewegung in Zukunft an der Schule einnehmen wird, hängt sehr stark vom Engagement des Lehrerkollegiums, der Zeitgestaltung der Schulpause, dem Unterrichtsinteresse u. a. mehr ab. Entscheidend muss aber sein, dass das Bewegungsleben als sinnvoll gestalteter Teil des Schullebens integriert wird, was aber nicht heißt, dass alles durchorganisiert werden soll.

Band 3 der Reihe „Schule und Gesundheit“ stellt einen Einstieg in die Thematik dar, um eine Hilfestellung bei dieser Aufgabenstellung zu bieten.

2 Inhaltliche Grundlagen zur Thematik

Kinder und Jugendliche benötigen möglichst vielfältige Bewegungsreize für ihre Entwicklung. Je größer der Aufforderungscharakter dabei ist, desto mehr sprechen die Kinder darauf an. Das natürliche Umfeld bietet leider immer weniger solche Anreize, weshalb im Alltag vieler Kinder und Jugendlicher Bewegung eine untergeordnete Rolle spielt. Sie sitzen den ganzen Vormittag in der Schule, nachmittags und abends sitzen sie stundenlang vor dem Fernseher, dem Computer oder machen Hausaufgaben, natürlich im Sitzen. Sie fahren mit dem Bus oder dem Auto zur Schule, werden von den Eltern zur Musikstunde oder anderen „Aktivitäten" gefahren. Der natürliche Wechsel zwischen Spannung und Entspannung ist immer mehr außer Kraft gesetzt, Spannung findet nur noch im Kopf statt, beim Krimi, Videospiel etc., aber nicht mehr im ganzen Körper. Der entstehende Stress wird nicht mehr abgebaut. Letztendlich wird heute die Freizeit von den moderne Medien dominiert.

Besonders in Großstädten ergibt sich für die Kinder und Jugendlichen, die sich bewegen *wollen*, noch das Problem der fehlenden Bewegungsräume. Hochhäuser werden gebaut, die dazugehörenden Spielplätze werden „vergessen". Natürliche Bewegungsräume sind sowieso Mangelware. Auch innerhalb der Wohnungen vieler Leute wird das oft sehr deutlich. Betrachtet man nämlich die Grundrisse vieler moderner Wohnungen, so ist meist das Kinderzimmer als kleinster Raum konzipiert. Auch das Vorbild der Eltern ist oft nicht dazu angetan, die Bewegungsaktivitäten der Kinder zu unterstützen; Ausflüge am Wochenende finden im Auto und selten zu Fuß oder mit dem Fahrrad statt.

Die Folgen liegen auf der Hand. Immer mehr Kinder weisen Auffälligkeiten in der Alltagsmotorik auf, grundlegende altersspezifische koordinative Fähigkeiten sind nicht mehr in dem notwendigen Maße vorhanden. Der Gesundheitszustand von Kindern und Jugendlichen verschlechtert sich von Jahr zu Jahr. Die Folgen für das Gesundheitswesen kann man nur erahnen. Die Zahl der übergewichtigen Schulanfänger steigt ständig. Viele Jugendliche sind zu wenig physisch und psychisch belastbar, da es an entsprechenden Reizen mangelt, die Anpassungsprozesse hervorrufen; Herausforderungen fehlen.

Zahlreiche Untersuchungen verschiedener Krankenkassen verdeutlichen die Situation. Danach treten bei Schulkindern im Alter von sechs bis zehn bereits folgende Probleme auf (die Prozentzahlen verdeutlichen wie dramatisch die Situation z. T. bereits ist):

Muskelfunktionsstörungen:	80 %
Haltungsschwächen:	35 – 60 %
tiefsitzende Wirbelsäulenbeschwerden:	7 – 47 %
koordinative Auffälligkeiten:	0 – 40 %
Übergewicht:	25 – 30 %
Herz-Kreislaufschwächen:	20 – 30 %

(Quelle: AOK; aus: Lütgeharm 1997, 4)

Hatten die Kinder früher genügend Bewegung nach und außerhalb der Schule und konnten das Stillsitzen größtenteils kompensieren, muss die Schule heute einen aktiven Beitrag zur Bewegung der Kinder leisten, um nicht schon früh zur Entstehung von Bewegungsmangelerkrankungen beizutragen. Leider werden die Kinder in den meisten Schulen auf bewegungsfeindliches Mobilar gesetzt und nach wie vor zum Stillsitzen erzogen. Die Schule trägt damit im Moment eher zur Zunahme von Haltungsschwächen, Übergewicht, Herz-Kreislaufproblemen, Verhaltensauffälligkeiten und motorischen Schwächen bei. Bereits bei Kindern im Grundschulalter sind solche Defizite in erschreckend hoher Zahl zu beobachten.

Da die Schule vermehrt die damit verbundenen Folgen wie Unruhe, Konzentrations- und Lernschwächen u. ä. zu ertragen hat, muss es schon deshalb in ihrem Interesse sein, einen aktiven Beitrag zur Verminderung dieser Probleme zu leisten. Da die Ursachen nicht nur in der bewegungsfeindlichen Umwelt der Kinder im Alltag liegen, sondern auch daran, dass die Bewegungsräume in den Schulen den körperlichen und seelischen Bedürfnissen der Schüler nach Bewegung wenig oder überhaupt nicht gerecht werden, kann und muss die Schule sich hier engagieren.

Es darf nicht länger hingenommen werden, dass der Schulalltag der Kinder in den meisten Fällen gekennzeichnet ist durch passives und statisches Sitzen, durch statische Lehr- und Lernformen ohne Handlungsbezug, durch große Schulklassen in eingeschränkten, bewegungsunfreundlichen Lebensräumen, durch starres Schulmobiliar ohne Möglichkeit der Anpassung an individuelle Bedürfnisse und kurze Unterrichtspausen ohne aktiven Bewegungsausgleich.

3 Das Konzept der „Bewegten Schule“

Das Konzept der „bewegten Schule“ hat zum Ziel, der zunehmenden Bewegungsarmut auf verschiedenen Ebenen entgegenzuwirken. Da der Sport in der Schule – vor allem aufgrund der aktuellen Entwicklungen – allein mit dieser Aufgabe überfordert ist, wird mit dieser Idee versucht, die Bewegung auch in andere Fächer und in die Pausen zu integrieren. Die Schule soll in Bewegung kommen! Natürlich können diese Formen der Bewegung den Sportunterricht nicht ersetzen, im Gegenteil. Diese Art von Bewegung baut auf den gemachten Erfahrungen im Sportunterricht auf und stellt eine immer wichtigere Ergänzung dar in der von Bewegungsarmut gekennzeichneten Umwelt der Kinder und Jugendlichen.

3.1 Einführung in die „Bewegte Schule“

Besonders wichtig bei diesem Thema ist der vernünftige Einbau von Aktivitäten in den Schulalltag. Man darf dabei nicht zuviel auf einmal wollen, sondern muss in kleinen Schritten die Kinder und Jugendlichen an diese Thematik heranführen. Ausgangspunkt kann ein Vorschlag des Direktorats ebenso sein wie eine Initiative von Eltern, Lehrern und/oder Schülern. Es ist letztendlich egal, bei wem die Erkenntnis gereift ist, dass durch Bewegung die Aufnahmefähigkeit im Unterricht deutlich steigt und nicht, wie vielfach vermutet, sinkt.

Wie auch bei anderen Projekten erleichtert die Einrichtung einer Arbeitsgruppe bestehend aus Eltern, Lehrern und Schülern das Vorhaben. Sie begleitet, koordiniert, unterstützt die einzelnen Maßnahmen und steht für die Kontinuität des Entwicklungsprozesses.
Man beginnt z. B. mit Aktivitäten während der Pausen und baut später Module in den Unterricht ein. Man kann natürlich auch um-

gekehrt vorgehen. Wichtig ist eine vernünftige Planung, die den Ablauf von den ersten Aktivitäten bis zur endgültigen Implementation der „Bewegten Schule“ dokumentiert. Zum Start derartiger Aktivitäten bietet es sich an, eine Projektwoche durchzuführen, die eine Fortbildung für die Lehrkräfte einschließt. Sie dient der Information der Betroffenen, was die Entscheidung für oder gegen bestimmte Maßnahmen erleichtert. Durch die Einschaltung der lokalen oder auch der überregionalen Presse besteht leichter die Möglichkeit, Sponsoren der örtlichen Geschäftswelt für die eine oder andere geplante Maßnahme zu gewinnen.

Bevor Maßnahmen gestartet werden können, muss zunächst die schulische Realität analysiert werden:

- ❑ Analyse der örtliche Gegebenheiten (Pausenhof, Sportstätten, Spielmöglichkeiten)
- ❑ Einstellung des Direktorats, des Lehrerkollegiums und des/der Hausmeister(s)
- ❑ Überprüfung der Vorgaben durch die Schulordnung
- ❑ Feststellung der Bedürfnisse der Kinder
- ❑ ...

Die sich daraus ergebenden Möglichkeiten müssen genau auf ihre Realisierbarkeit hin untersucht werden. Lösungsvorschläge der Schüler, Lehrer und Eltern müssen in die Planung einfließen, bei der z. B. auch Spielideen gesammelt werden.

Aus dieser Vielfalt an Vorschlägen und Wünschen müssen genaue Zielvorstellungen erarbeitet werden. Welche Maßnahmen werden gewünscht, welche sind sinnvoll und können aufgrund dessen umgesetzt werden. Elternmitarbeit ist in dieser Phase auch deswegen wichtig, weil sie zum einen meist besser die Wünsche ihrer Kinder kennen und zum anderen eher abschätzen können, was davon in der Schule zu realisieren ist. Darüber hinaus befinden sich darunter möglicherweise Vertreter unterschiedlicher Handwerksbetriebe, mit deren Hilfe und (Sach-)Spenden Kosten gespart werden können oder mehr realisiert werden kann, als der Sachaufwandsträger der Schule bezahlen kann.

Aber auch die Mitarbeit der Schüler ist wichtig. Sie erhöht die Identifikation und reduziert die Wahrscheinlichkeit von Vandalismus. Dies gilt ebenso für die Beteiligung am Entscheidungsprozess, denn letztendlich haben alle Maßnahmen die (höheren) Aktivitäten der Kinder und Jugendlichen im Auge.

3.2 Tools der „Bewegten Schule“

Die „Bewegte Schule“ umfasst verschiedene Bereiche, von denen jeder für sich einen Beitrag zu mehr Bewegung in der Schule leisten kann. Sie lässt sich in sechs Tools oder Module unterteilen, die zwei Haugruppen zugeordnet werden können (in Anlehnung an: Klupsch-Sahlmann 1999, 11 und Lütgeharm, 1997, 12).

„Aktivitäten“ während des Unterrichts

- ❑ *Klassenraum als Bewegungsraum*
  Das Sitzen stellt eine enorme Belastung für die Wirbelsäule und ihre Bandscheiben dar, wenn man die meiste Zeit in der gleichen Haltung bleibt. Das Fehlen von Belastung und Erholung erschwert die notwendige Durchblutung. Dies wird weitgehend verhindert durch:
  - Aktiv-dynamisches Sitzen mit an die individuellen Bedürfnisse angepasstem Schulmobiliar,
  - den Wechsel der Sitzpositionen mit dynamischen Effekten,
  - verstellbare Stühle und Bänke, Sitzbälle etc.,
  - Unterbrechung oder Veränderung der Sitzposition,
  - stehen,
  - liegen (siehe 4.1.3.3).

- *Fach- oder themenbezogenes Lernen*
  Dieser Bereich umfasst das handlungsorientierte Lernen, bei dem durch Eigenaktivität der Schüler, mit Gruppenarbeit, durch Selbständigkeit „mehrperspektivisch“ gelernt wird. Durch die Veränderung der Aufgabenstellung ist ein ständiger Wechsel zwischen Spannung und Entspannung gewährleistet, d. h. Sitzzeiten und Bewegungszeiten lösen sich immer wieder ab, ohne dass es deswegen zur Unterbrechung des Unterrichts kommt (siehe 4.1.4).

- *Bewegungspausen*
  Bietet der Stoff oder die Unterrichtssituation nicht die Möglichkeit des Wechsels zwischen Bewegung und Stillhalten, ist es notwendig mit Hilfe von Bewegungspausen, vor allem in kognitiv orientierten Fächern, Phasen der Entlastung einzubauen, um den wichtigen Wechsel zwischen Spannung und Entspannung sicherzustellen (siehe 4.1.2.1).

- *Stille im Unterricht*
  Die mentale Entspannung ist ein weiterer wichtiger Baustein, der vor allem nach Phasen intensiver Betätigung (Bewegung in der Pause, im Sportunterricht etc.) und in Phasen hoher Anspannung (vor Prüfungen, nach langem verkrampftem Sitzen o. ä.) eingebaut werden sollte. Atemübungen, Anwendungen der Muskelentspannung sowie einfache Übungen aus dem Autogenen Training helfen hier den Wechsel zwischen Spannung und Entspannung zu ermöglichen (siehe 4.1.2.2).

Am Anfang ist es im Allgemeinen der Lehrer, der den Wechsel bestimmt. Mit der Zeit sollten die Kinder und Jugendlichen allerdings selbst spüren, wann ihr Körper einen Wechsel benötigt. Dies ist auch eine wichtige Aufgabe der „Bewegten Schule“, den Schülern das nötige Wissen und das Gespür für die Bedürfnisse ihres Körpers zu vermitteln, damit sie auch außerhalb der Schule und besonders nach der Schulzeit, die Kompetenz für den richtigen Umgang mit dem eigenen Körper besitzen.

„Aktivitäten“ außerhalb des Unterrichts

- *Bewegungschancen in den Pausen*
  Bewegte Pausengestaltung in den Vormittagspausen ebenso wie mittags und nachmittags ist das Ziel dieser Maßnahmen. Für die Fahrschüler und alle, die darüber hinaus schon vor Unterrichtsbeginn in der Schule sind, ist sie natürlich auch sinnvoll. Dazu gehört die Ausgabe von Geräten, wie z. B. Jonglierbälle oder Spielekisten, ebenso wie die Umgestaltung des Schulhofs und des Klassenzimmers zum aktiven Bewegungsraum (siehe 4.2.1, 4.2.2 und 4.2.3).

- *zusätzliche Angebote*
  Auch außerhalb des normalen Schulbetriebs gibt es viele Möglichkeiten den umgestalteten Schulhof und die Sportstätten für freie Aktivitäten oder für Arbeitsgemeinschaften zu nutzen (siehe 4.2.3). Sporttage, Spielfeste, Projekte o. ä. sind dabei unterstützende Maßnahmen, um den Schülern Anregungen für ihre täglichen Bewegungsaktivitäten zu geben.

Eine Sonderstellung nimmt in diesem Kanon der *Bewegungs- und Sportunterricht* ein. Während in den anderen Fächern die Bewegung als Ergänzung, Auflockerung oder Unterbrechung der kognitiven Beanspruchung verstanden wird, steht beim Bewegungs- und Sportunterricht die körperliche Betätigung im Mittelpunkt. Hier sollte die Grundlage für alle anderen Aktivitäten gelegt werden. Er soll in erster Linie Spaß an der Bewegung vermitteln sowie darüber hinaus zu gesundheitlichem Verhalten anregen, über richtige Belastungen aufklären, Grundlagen für gesundes und verletzungsfreies Sporttreiben schaffen usw.

4 Aktivitäten im Schulalltag

Wie in Kapitel 3 verdeutlicht, lassen sich die Aktivitäten im Schulalltag zunächst in zwei große Bereiche unterteilen:

- *Aktivitäten während des Unterrichts*
  Die Aktivitäten während des Unterrichts beinhalten zum einen Pausenaktivitäten, d. h. Tätigkeiten, bei denen die Schüler unabhängig vom Unterrichtsfach durch eine Lernpause verbunden mit entsprechenden Maßnahmen neue Konzentrationsfähigkeit für den Stoff des Faches erlangen. Das können Bewegungsaktivitäten oder Entspannungspausen sein, die je nach Situation gezielt eingesetzt werden.
  Zum anderen sind damit fachbezogene Handlungen oder Tätigkeiten gemeint, durch die Abwechslung in den manchmal monotonen Unterricht kommt. Bei Gruppenarbeit beispielsweise, bei der durch den Wechsel von Stationen ein Rhythmus von Spannung und kurzer Entspannung entsteht, bleibt die Konzentrationsfähigkeit länger erhalten als beim Fehlen solcher Unterbrechungen. Alle fachbezogenen Tätigkeiten, d. h. alle Maßnahmen, bei denen die Schüler den Stoff nicht nur audiovisuell vermittelt bekommen, sondern bei denen sie selbst tätig werden – z. B. Strecken messen, Blätter sammeln, Versuche machen – haben den Vorteil, dass die Kinder den so vermittelten Stoff wesentlich besser und länger behalten können.

- *außerunterrichtliche Bewegungsaktivitäten*
  Neben den Bewegungsaktivitäten während des Unterrichts bieten auch alle Pausen am Vormittag, Mittag oder Nachmittag die Möglichkeit der körperlichen Betätigung als Ausgleich zu den kognitiven Anforderungen und den langen Sitzzeiten.

4.1 Aktivitäten während des Unterrichts

4.1.1 Pausenaktivitäten

Ein wichtiger Bereich, der von allen Lehrern unabhängig vom Fach im Unterricht zum Wohle der Schüler angewandt werden kann und soll, sind Bewegungs- und Entspannungspausen. Wenn sie regelmäßig in den Unterricht eingebaut werden, tragen sie zur Verbesserung der Konzentrationsfähigkeit und damit zur besseren Aufnahme des Unterrichtsstoffes bei. Die scheinbar verlorene Zeit wird durch die bessere und längere Aufnahmebereitschaft mehr als ausgeglichen.

4.1.1.1 Aktive Pause

Nach längeren Phasen hoher Konzentrationsfähigkeit und langen Stillsitzens ist es besonders bei den jüngeren Schülern wichtig, durch eine Pause mit Bewegungsaktivitäten für Abwechslung und eine Erholungsphase zu sorgen, damit die „Akkus" der Kinder sich wieder füllen können und sie für neuen Lernstoff aufnahmefähig sind.

Die Übungen sollten koordinativ nicht zu komplex, aber auch nicht langweilig oder eintönig sein, sondern für die Schüler eine willkommene Abwechslung im Schulalltag sein. Die Art der Übungen ist deshalb sehr stark vom Alter, von der Klasse (ruhig/unruhig), von den räumlichen Gegebenheiten (Raumgröße, Sitzordnung, Sitzmobiliar etc.), vom Zeitpunkt der Bewegungspause im Verlauf des Tages und natürlich von der Zeit, die zur Verfügung steht, abhängig.

4.1.1.2 Entspannungspause

Kinder und Jugendliche sind heutzutage vielfältigen psychischen und sozialen Spannungen ausgesetzt, hohe Leistungsanforderungen in der Schule und im Beruf, Konflikte mit Eltern, Lehrern und Vorgesetzten; Reizüberflutung u. ä. prägen den Alltag. Die Folgen sind häufig Stress- und Spannungszustände, deren Folgen von mangelnder Konzentrationsfähigkeit über Schlafstörungen bis hin zu aggressivem Verhalten reichen. Nicht selten kommen durch falsche Sitzpositionen noch Verspannungen, besonders im Nacken- und Schulterbereich, hinzu.

Um den Kindern wieder den natürlichen Wechsel zwischen Spannung und Entspannung zu ermöglichen, sollten die Lehrerinnen und Lehrer einige einfache Entspannungsübungen beherrschen. Aus diesem Grund sollten die Lehrkräfte Entspannungsmöglichkeiten selbst erprobt und erfahren haben oder – besser noch – eine Entspannungstechnik beherrschen. Besonders günstig ist es natürlich, wenn sie sich als zusätzliches Basiswissen die Themen Atmung und Entspannung theoretisch und praktisch erarbeiten, um die wichtigsten Informationen an die Schüler weitergeben zu können. Die Schüler können dann einfache Entspannungstechniken bei Bedarf auch außerhalb der Schule anwenden.

Der Einstieg mit einer Entspannungsübung eignet sich in dieser Altersstufe gut zur Verbesserung der Konzentrationsfähigkeit, besonders auch vor Prüfungen (Schulaufgaben, Proben u. ä.).

Sie enthält bei richtiger Durchführung folgende wichtigen Effekte:

- ❑ Verringerung von Unruhe bzw. Nervosität (z. B. vor Prüfungen)
- ❑ Verbesserung der Konzentrations- und Leistungsfähigkeit
- ❑ Förderung von Ruhe und Gelassenheit
- ❑ Entspannung der Muskulatur (nach Belastung, bei Verspannung durch falsches Sitzen etc.)

- Beschleunigung der Regeneration nach physischer Belastung (Sport, Pausenaktivitäten)
- Verbesserung des physischen und psychischen Wohlbefindens.

Da ein Zusammenhang zwischen psychischer Befindlichkeit und Muskeltonus besteht, geht es darum, durch gezielte Übungen zur Herabsetzung der muskulären Anspannung eine affektiv-emotionale Entspannung zu erreichen. Gelingt es, die Schüler für körperliche Spannungszustände zu sensibilisieren, können Anspannungen und beginnende Verspannungen frühzeitig wahrgenommen und mit Entspannungsübungen ausgeglichen werden.

Wichtig ist, dass die Kinder und Jugendlichen mit einfachen Übungen und Mitteln Entspannung erfahren. Sehr günstig sind einfache Atemübungen (Atmung erspüren und erfahren) und besonders bei jüngeren Schülern, sogenannte Entspannungsgeschichten (Beispiel siehe 7.5). Des Weiteren eignen sich für den Unterricht einfache Übungen aus dem Bereich der Muskelrelaxation.

Die einmal ausgewählten und erprobten Entspannungsübungen können immer wieder bei passenden Gelegenheiten (als Konzentrationshilfe vor schwierigen Übungen, als Hilfe zur Bewältigung von Problemen usw.) eingesetzt werden.

4.1.2 Beispiele für Pausenaktivitäten

4.1.2.1 Beispiele für Bewegungspausen

Neben grundlegenden Aspekten, die die Schüler zwingen, sich zu bewegen (siehe 4.1.3.1), gibt es ganz einfache Übungen, die regelmäßig im Unterricht als kurze Pause eingebaut werden sollten, wie z. B. aufstehen, sich recken, gähnen. Außerdem können die Kinder bei einer Unterrichtsunterbrechung z. B. im Sitzen Rad fahren oder hinter dem Stuhl auf der Stelle laufen, hin- und herspringen (Hände sind an der Lehne des Stuhles), vor- und zurückspringen, „wechselhüpfen".

Darüber hinaus gibt es eine Vielzahl von Übungen, die u. a. die Konzentration sowie die Aufmerksamkeit fördern, den Kreislauf in Schwung bringen und alle nur wenig „wertvolle Unterrichtszeit" beanspruchen. Einige sind in der Tabelle in Abbildung 1 zusammengefasst. Gerne werden diese Übungen von Schülern der unteren Jahrgangsstufen durchgeführt. Etwas schwieriger wird es besonders während der Pubertät, da sich die Jugendlichen an die Inaktivität im Laufe der Jahre gewöhnt haben. Für Kinder, die es von klein auf gewöhnt sind, ist das nicht nur kein Thema, sondern sie vermissen die Übungen, wenn sie sie nicht regelmäßig machen. Vor allem wenn sie gelernt haben, auf ihren Körper und dessen Bedürfnisse zu hören, merken sie, wann es für sie besser ist, aktiv zu werden statt nur „schlapp herumzuhängen".
Ganz so unattraktiv sind Bewegungspausen für Jugendlichen oft doch nicht; besonders als Alternative zu eintönigem Unterricht sind sie nicht selten eine willkommene Abwechslung. Merken die Schüler mit der Zeit, dass sie von diesen Übungen wirklich profitieren und dass sie sich bei nachlassender Konzentration auch für zu Hause eignen, ist das Ziel erreicht. Der Weg dorthin ist allerdings oft langwierig. Besonders die ersten Übungen mit pubertierenden Jugendlichen stoßen nicht selten auf großen Widerstand, weil sie sich ungern aus ihrer Lethargie reißen lassen. Hier ist großes Einfühlungsvermögen gefragt, Zwang bewirkt das Gegenteil.

Übung	Intention	Ausführung
Besonders zu Beginn des Schultags:		
„Muntermacher“	Steigerung der Konzentrationsfähigkeit und Aufmerksamkeit, Abbau der Müdigkeit	Mit dem Gesäß ganz auf dem Stuhl sitzen – Rücken darf angelehnt werden – Füße stehen nebeneinander auf dem Boden – eine Hand klopft sanft gegen das Brustbein (Thymusdrüse). *10 – 20 Wiederholungen*
Vor allem während des Schultags:		
„Treppensteigen“	Aktivierung des Kreislaufs, Schulung der Gleichgewichtsfähigkeit	Vor dem Sitz des Stuhles stehen – rechtes Bein auf den Sitz und wieder auf den Boden stellen – linkes Bein auf den Sitz und wieder auf den Boden stellen. *(Variation: gegengleiche Hand berührt Knie)* *Nach und nach Geschwindigkeit steigern.*
„Flamingo“	Aktivierung des Kreislaufs, Steigerung der Konzentrationsfähigkeit; besonders günstig, da beide Hirnhälften angesprochen werden (Überkreuzübung)	Im Stehen linkes Knie anheben – mit rechter Hand linkes Knie berühren – linken Arm weit nach hinten führen. *Seitenwechsel* *Langsames Wiederholen der Übungen* Linkes Knie anheben – Hände hinter dem Kopf verschränken – mit rechtem Ellbogen linkes Knie berühren. *Seitenwechsel*
„Überflieger“	Aktivierung des Kreislaufs, Schulung der Koordination (besonders der Gleichgewichtsfähigkeit)	Hinter der Stuhllehne stehen – rechtes Bein über die Lehne schwingen – Bein zurückschwingen. *Seitenwechsel* *Mit jedem Bein 5 – 10 Wiederholungen*

Übung	Intention	Ausführung
„Daumenrallye“	Schulung der Fingerfertigkeiten, Steigerung der Konzentrationsfähigkeit, besonders günstig, da beide Hirnhälften angesprochen werden	Bequeme Sitzposition auf dem Stuhl einnehmen – rechten Arm anheben – rechter Daumen tippt gegen jeden einzelnen Finger der rechter Hand und zwar vom Zeigefinger zum kleinen Finger und zurück. *anschließend das gleiche mit der linken Hand,* *dann mit beiden Händen gleichzeitig.* *Zuerst bei der Übung auf die Hände sehen, dann Übung durchführen ohne hinzuschauen.*
„X-Bein – O-Bein“	Steigerung der Konzentrationsfähigkeit, Schulung der Koordination	Füße stehen breit nebeneinander – Füße weit auf die Außenkanten stellen – Arme sind zu einem Kreis geschlossen (Finger berühren sich vor dem Körper). Füße auf die Innenkanten stellen – Knie berühren sich – Handaußenflächen gegeneinander legen. *Wiederholung*
„Möwe Jonathan“	Aktivierung des Kreislaufs, Steigerung der Konzentrationsfähigkeit; besonders günstig, da beide Hirnhälften angesprochen werden (Überkreuzübung)	Im Stehen Hände in die Hüfte legen – rechtes Bein steht vor dem linken. (*Variation:* Rechtes Bein steht hinter dem linken). Mit der Fußspitze auftippen – beide Arme nach rechts oben schwingen Linkes Bein steht vor dem rechten (*Variation:* Linkes Bein steht hinter dem rechten). Mit der Fußspitze auftippen – beide Arme nach links oben schwingen.
„Tip your toe“	Gleichgewichtsübung, Aktivierung beider Hirnhälften (Überkreuzübung)	Rechte Handinnenfläche anschauen – rechtes Bein heben – mit der linken Hand auf die Fußsohle tippen. *Hand und Fußwechsel* *Mehrmals wechseln.* *Variation:* Vor dem Körper – rechte Hand berührt linke Fußspitze – linke Hand berührt rechte Fußspitze.

Übung	Intention	Ausführung
„Fingertwist"	Schulung der Fingerfertigkeiten, Steigerung der Konzentrationsfähigkeit	Bequem stehen – rechten Arm anheben – Daumen der rechten Hand abspreizen – Daumen und Zeigefinger abspreizen – Daumen, Zeige- und Mittelfinger abspreizen – kleinen Finger abspreizen. *Übung in beide Richtung ausführen.* *Gleiche Übung mit der linken Hand ausführen.* *Übung mit beiden Händen gleichzeitig ausführen.* *Zuerst bei der Übung auf die Hände sehen, dann Übung durchführen ohne hinzuschauen.*
Besonders gegen Ende des Schultags:		
„Dampf ablassen"	Stressabbau nach mehrstündigem Unterricht, Aktivierung des Kreislaufs	Aufrecht stehen – leicht in die Knie gehen – Hände zu Fäusten ballen – tief einatmen – nach vorne boxen – dabei laut „A" rufen – erneut Luft holen. *Übung mehrmals wiederholen.*

Abbildung 1: Übungen für Bewegungspausen während des Unterrichts

4.1.2.2 Beispiele für Entspannungspausen

Da die Schüler besonders in der Jahrgangsstufe 5 bis 7 häufig keinerlei Erfahrung mit Entspannung besitzen, sollten sie die Übungen leicht umsetzen können und somit ein erstes Erfolgserlebnis in diesem Bereich haben. Sehr gut eignen sich dafür die Atementspannung und die progressive Muskelrelaxation (nach JACOBSEN 1961).

Atmung *erspüren und erfahren*
Durch eine bewußt regelmäßige Atmung kann bereits eine Beruhigung erzielt werden und es können Stresssituationen leichter bewältigt werden.
Dazu sollen sich die Kinder bequem hinsetzen oder – wo es möglich ist – hinlegen. Einatmen immer durch die Nase, ausatmen durch die Nase oder den leicht geöffneten Mund. Bewusst bis in den Bauchraum atmen (die Schüler legen die Hände auf den Bauch, um die Atmung – das Heben und Senken des Bauches – zu spüren). Bei der Entspannungsatmung sollen die Kinder ein bis zwei Minuten ruhig und gleichmäßig ein- und ausatmen.

Atmung erspüren und erfahren (Variation mit Anregung der Phantasie)
Die Schülern begeben sich dazu in eine für sie angenehme „Schlafstellung“ auf der Schulbank. Beengende Kleidung sollte geöffnet werden (Hemd, Gürtel, oberster Hosenknopf).
Als erstes sollen sich die Kinder bzw. Jugendlichen so auf ihre Bauchatmung konzentrieren, dass das Ausatmen möglichst lang hinausgezögert wird und das Einatmen normal erfolgt. Zur Verdeutlichung wird die Atmung sprachlich („einatmen – l a n g s a m ausatmen“) begleitet. Es dauert ein wenig, bis sich die Schüler darauf eingestellt haben. Nach einiger Zeit kann man die Vorstellung mit einem Bild (z. B. „Palmenstrand mit Meeresrauschen“) in eine Traumwelt führen. Durch ausschmückende Beschreibung wird der angenehme Zustand dieser Traumwelt verstärkt und zu einem echten Genuss. Dafür sollte genügend Zeit gelassen werden. Anschließend verlässt man den Meeresstrand wieder und kehrt mit der Konzentration auf die Atmung zurück. Für die Phase des Zurücknehmens sollen sie sich erst langsam strecken und räkeln und am Ende der Entspannungsphase langsam die Augen öffnen.

Abbildung 2: Auf dem Weg zum Meeresstrand

Zwei für den Unterricht besonders gut geeignete Möglichkeiten (neben einer Entspannungsgeschichte und der Atementspannung), die auch in der Mittelstufe (Sekundarstufe I, Klasse 8 bis 10) noch sehr gut eingesetzt werden können, sind Entspannungsgeschichten mit eingebundenen Übungen aus dem Autogenen Training (nach MÜLLER 1978) und die Übung „Quasimodo", eine einfache Form der progressiven Muskelrelaxation (nach JACOBSEN 1961). Führen die Schüler zum Beispiel im Sportunterricht regelmäßig Entspannungsübungen durch, können natürlich auch diese, soweit sie von der Lehrkraft beherrscht werden, verwendet werden (zum Beispiel Übungen aus der Eutonie, dem Yoga etc.). Die beiden folgenden Beispiel können meist auch problemlos schon in der Unterstufe eingeführt werden.

Entspannungsgeschichten (wie z. B. die Phantasie- und Märchenreisen von MÜLLER 1978 und 1983 – Beispiel siehe 7.5) können angenehme Bilder, Vorstellungen und Erinnerungen wecken und hervorrufen. Sie wirken beruhigend und entspannend auf den Zuhörer. Durch die in sie eingebundenen Übungen des Autogenen Trainings bewirken sie tiefe Entspannung, Beruhigung und Erholung. Nach MÜLLER (1983) sind die Schwere-, Wärme-, Ruhe- und Atemübungen des Autogenen Trainings so in den Text integriert, dass sie übergangslos vom Zuhörenden „empfangen" werden können. Ruhetönung und Ruheformel können zusätzlich noch vorgeschaltet werden, so dass der Zuhörende schon vor Beginn der eigentlichen Geschichte entspannt und aufgeschlossen dafür ist, z. B.

- „Du liegst ganz schwer und entspannt auf dem Boden"
- „Du fühlst Deinen Körper ganz bewußt und intensiv"
- „Du bist ganz schwer, gelöst und ruhig"
- „Deine Hände und Arme sind ganz schwer" (Nacken, Schultern, Füße, Beine schwer)
- „Dein Gesicht ist ganz entspannt und gelöst"
- „Du läßt los"
- „Du gibst alle Spannung ab – weg von Dir"
- „Du bist ganz ruhig und entspannt"

Die „Zurücknahme“ am Ende der Geschichte regt den Kreislauf wieder an:

- tief durchatmen
- Faust machen, Arme anziehen und strecken
- sich räkeln, strecken, dehnen

Die konzentrativen, autosuggestiven Impulse des Autogenen Trainings wirken auch ohne besondere Vorkenntnisse. Sie sind in das bildhafte Geschehen integriert und für den Zuhörenden einfach nachzuempfinden.
Ein tiefer Ruhe- und Erholungszustand wird durch das „sich Hinwenden“ auf die erlebten Bilder bewirkt. Durch die Tonusherabsetzung kommt es zu einer körperlich-seelischen Entspannung.
Die poetisch, blumige Sprache dient als Transfer und verhilft zu bildhaften Vorstellungen bei der Entspannung.
Dieser Zustand und seine wohltuende Wirkung reicht über die Vorlesezeit hinaus.
Wichtig ist, dass man keine zu großen Erwartungen hat bzw. sich nicht unter einen Erholungszwang setzt. Die beste Voraussetzung für den Erfolg ist das „Geschehenlassen“.
Es ist wohltuend, seiner Phantasie freien Lauf zu lassen. Wer dazu bereit ist, wird auch – über die Entspannungsgeschichten – einen fühl- und spürbaren Erfolg verzeichnen.
Durch regelmäßige Entspannungsphasen wird man über gesteigerte Kräfte- und Energiereserven verfügen. Konflikte und Probleme werden durch innere Gelassenheit und größere Ruhe leichter gelöst. Entspannungsgeschichten können somit die Selbstheilungskräfte aktivieren.

Quasimodo
Diese sehr effektive Übung aus dem Bereich der progressiven Muskelrelaxation trägt zur Verbesserung der Sauerstoffversorgung des Gehirns und zur Lösung aller Arten von Verkrampfungskopfschmerzen bei, darüber hinaus wirkt sie erfrischend und lindert oder beseitigt Verspannungen im Nacken.

Diese Übung besteht wie alle aus dem Bereich der progressiven Muskelrelaxation aus einer Anspannungs- und einer Entspannungsphase.
In der Anspannungsphase werden die Arme anwinkelt, die Hände sind locker, die Augen geschlossen, und es wird ruhig durchgeatmet. Dann werden die Schultern so hochgezogen, als ob man die Ohrläppchen berühren möchte. Der Kopf wird zurückgedrückt, ohne dabei nach oben zu schauen. Sich nun auf das Polster konzentrieren, das durch diese Haltung im Nacken entstanden ist. Diese „Nackenrolle“ wird zwischen Hinterkopf und Schulter kräftig zusammengedrückt. Dabei wird tief durchgeatmet! Kräftig quetschen, bis der Kopf zu vibrieren beginnt. Weiterdrücken bis zur Schmerzgrenze. Sehr wichtig ist dabei, dass auf keinen Fall die Luft angehalten wird!

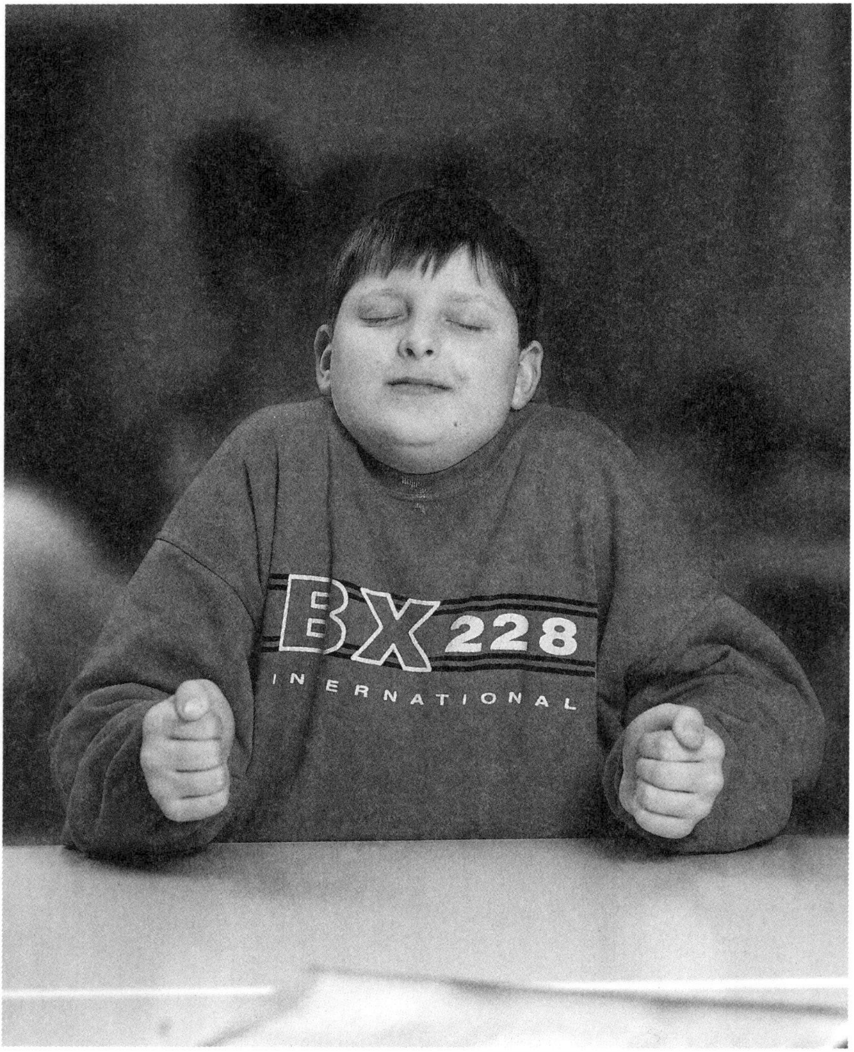

Abbildung 3: Quasimodo

In der Entspannungsphase läßt man die Schultern völlig herabsinken und den Kopf so weit nach vorne fallen, bis das Kinn die Brust berührt. Diese Bewegung sollte man fließend, ohne Unterbrechung machen! Die Augen bleiben geschlossen und man atmet ruhig und regelmäßig weiter. Ohne das Kinn von der Brust zu nehmen, legt man danach das rechte Ohr auf die rechte Schulter, dann das linke Ohr auf die linke Schulter. Die Schultern werden dabei nicht hochgezogen! Deutlich spürbar spannen sich die Muskeln und Sehnen, welche vom Ohr zur Schulter gehen. Es wird ruhig und regelmäßig geatmet und die Entspannung genossen!

Die Entspannungsphase sollte besonders lang und gründlich durchgeführt werden, damit man den Effekt ausreichend spüren kann.

Die Übung wurde richtig gemacht, wenn der gesamte Nackenbereich ungewohnt warm geworden ist, und man sich entspannt und wohl fühlt.
Bei Pressatmung kann es zu Kopfschmerzen oder Druck im Kopf kommen. Falls das passiert ist, Übung gleich noch einmal wiederholen und dabei besonders auf richtige Atmung achten!
Falls Verspannungen im Nacken auftreten, wurde die Entspannungsphase nicht vollständig durchgeführt. In diesem Fall Kopf noch einmal so weit herunterfallen lassen wie möglich und die Entspannungsphase wiederholen!
Diese Übung eignet sich besonders gut bei aufkommenden Kopfschmerzen, bei Nachlassen der Konzentration, bei Verkrampfung oder Erschöpfung, bei verspannter Nackenmuskulatur oder einfach zur Erfrischung.
(Wichtig: Nähere Informationen zur Entspannung und weitere Übungen befinden sich in Band 4 der Reihe „Schule und Gesundheit", der im Herbst 2000 erscheint und aus dem auch diese Beispiele entnommen sind.)

4.1.3 Einbau von Aktivitäten im jeweiligen Fachunterricht

4.1.3.1 Einführung in das „Bewegte Lernen“

Unabhängig vom Fach bieten sich unzählige Möglichkeiten Aktivitäten in den Unterricht einzubauen (siehe 4.1.3.4). Ziel sollte es dabei sein, zum gleichen oder besseren Unterrichtserfolg zu kommen, um dem oft gehörten Argument den Wind aus den Segeln zu nehmen, dass solche Aktivitäten aus Zeitgründen (Stofffülle etc.) nicht möglich seien.

4.1.3.2 Bedeutung von Bewegung für das kognitive Lernen

Leider wird nach wie vor in vielen Fällen die Wichtigkeit dieses Bereichs unterschätzt. Über den Ausfall der Mathematikstunden beklagen sich die Eltern viel häufiger als über das Fehlen von angemessenen Bewegungszeiten. Dabei ist heute wissenschaftlich gesichert, dass ohne Bewegungspausen wesentlich weniger aufgenommen werden kann als mit. Selbst die Erwachsenen jammern, wenn sie einmal einem 90 Minuten dauernden Vortrag lauschen müssen, weil sie sich nicht solange konzentrieren können. Sie machen sich aber offensichtlich keine oder wenig Gedanken, wenn es um die Konzentration ihrer Kinder bei einem sechsstündigen Vormittag geht.

4.1.3.3 Das richtige Sitzmobiliar als wichtiges Element für die bewegte Schule

In zahlreichen Untersuchungen wurde nachgewiesen, dass Kinder und Jugendliche Probleme mit dem langen statischen Sitzen in der Schule haben. Auf der anderen Seite zeigen Versuche immer wieder, dass Schülerinnen und Schüler, die sich während des Unterrichts bewegen, den Unterrichtsstoff trotzdem erfassen, Kinder mit besonders hohem Bewegungsbedürfnis, wenn sie sich bewegen dürfen, sogar viel besser. Hinzu kommt, dass die „normale“ Art des Sitzens in der Schule oft eine hohe Belastung für die Wirbelsäule bedeutet.

Was liegt also näher, als diesen Schüler Bewegungsmöglichkeiten während des „Sitzunterrichts“ zu bieten, die wenig störend sind. Auch wenn eine gewisse Beeinträchtigung nicht ausgeschlossen werden kann, so ist dies in den meisten Fälle das wesentlich geringere Übel, da viele dieser „Hypermotoriker“, falls der Bewegungsausgleich fehlt, wesentlich schneller zur Aggressivität neigen.

Aber auch um zu vermeiden, dass den Bandscheiben die notwendige Bewegung und Durchblutung fehlt, muss die Sitzposition regelmäßig verändert werden. Dazu gehört, sich ab und zu umgekehrt (mit der Lehne nach vorne) auf den Stuhl zu setzen, ein Sitzkissen oder einen Sitzkeil auf den Stuhl zu legen, auf dem Stuhl kniend zu lesen oder zu schreiben oder – wenn vorhanden- auf andere Sitzmöbel (Sitzball, Kniestuhl etc.) zu wechseln. Sehr günstig ist auch ein Spreukissen, das sehr vielfältig eingesetzt werden kann, wie Abbildung 4 (aus: BStUK 1998, 10) zeigt.

Dazwischen müssen immer wieder Unterbrechungen zur Durchblutungsförderung eingebaut werden (siehe 4.1). Ein Problem, das die Situation zusätzlich verschärft und alle betrifft, ist das häufig nicht den Vorschriften entsprechende Sitzmobiliar. Die Kinder sitzen auf zu hohen oder zu niedrigen Stühlen und haben keine an die Größe angepassten Tische etc.

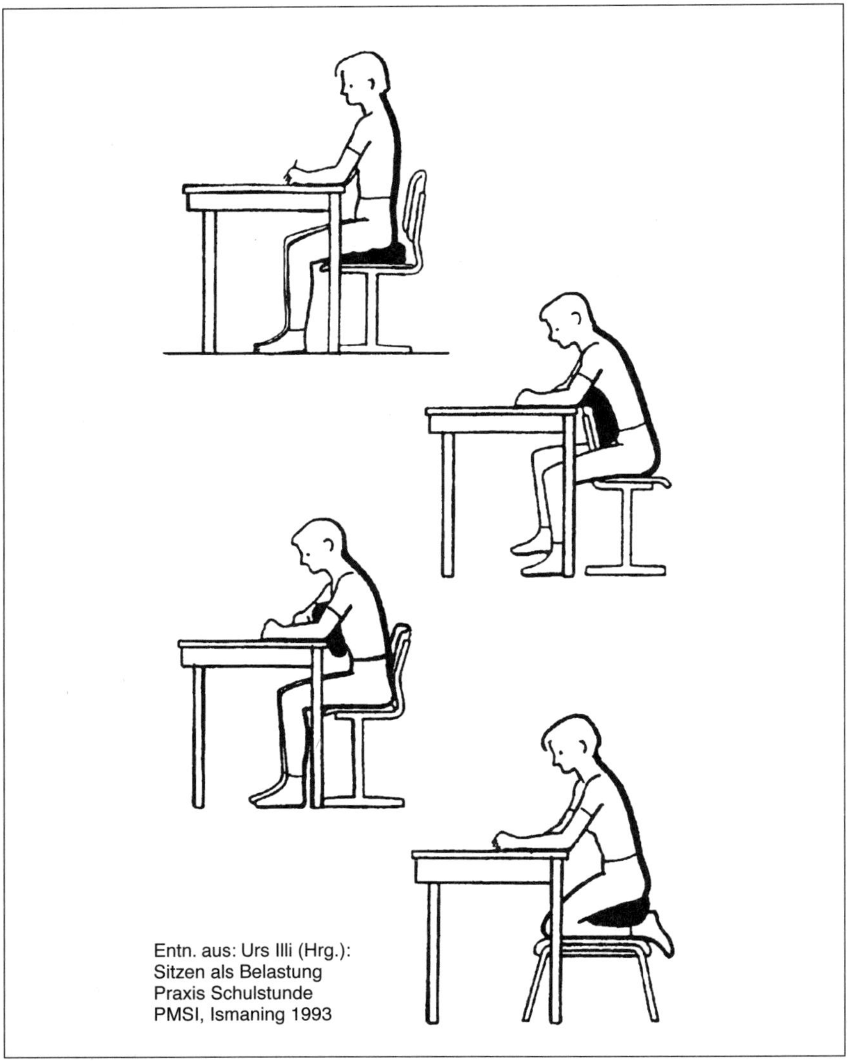

Entn. aus: Urs Illi (Hrg.):
Sitzen als Belastung
Praxis Schulstunde
PMSI, Ismaning 1993

Abbildung 4: Spreukissen als Sitzunterstützung

Da sich die Tische nur sehr selten schräg stellen lassen und die Stühle kaum Bewegung zulassen, ist entweder Eigeninitiative gefordert, z. B. durch Herstellung von Aufsatzpulten im Werkunterricht (Anleitung siehe: Lüthgeharm 1997, 23 f. und BStUK 1998, 63 f.) oder Erwirken von Veränderungen bei der Ersatzbeschaffung von Stühlen und Tischen.
Einen relativ einfachen und kostengünstigen Umbausatz für das bestehende Schulmobiliar (ca. 50 bis 70.– DM je nach Tischart für die Höhenanpassung, etwa 50.– DM für die Neigungsanpassung) hat die Interessengemeinschaft der Rückenschullehrer/innen (IGR) entwickelt, mit dessen Hilfe eine leichte und schnelle Anpassung auch während des Schuljahrs an die sich laufend verändernden Größenverhältnisse der Kinder möglich ist (BStUK 1998, 11).
Abbildung 5 (aus BStUK 1998, 5) zeigt die richtigen Größenverhältnisse, Abbildung 6 die richtige Sitzhaltung bei normalem Schulmobiliar.

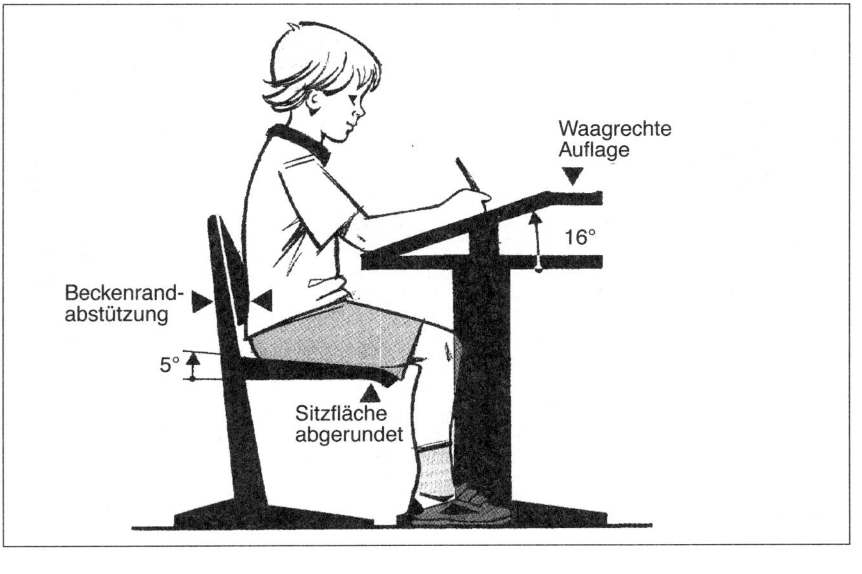

Abbildung 5: Richtiges Sitzen

Abbildung 6: Richtige Sitzhaltung

Wichtig ist, dass die Schüler nicht still, sondern „dynamisch" sitzen, damit ein Wechsel zwischen Belastung und Erholung und damit zwischen Spannung und Entspannung möglich ist.

4.1.3.4 Grundsätze für die Umsetzung vom Bewegung im außersportlichen Unterricht

Es gibt viele relativ einfache Möglichkeiten Bewegung in jeden Unterricht zu bringen. Die Schüler sollen, wann immer es realisierbar ist, nach vorne kommen, um

- ❑ Fragen zu stellen,
- ❑ eine Antwort zu geben,
- ❑ etwas zu erklären,
- ❑ etwas zu zeigen,
- ❑ selbst die Arbeitsblätter abzuholen und nicht vom Lehrer geliefert zu bekommen.

Darüber hinaus sollten sie ihren ganzen Körper benutzen, um

- ❑ etwas auszudrücken,
- ❑ vorzuspielen,
- ❑ zu untermalen.

Wichtige Voraussetzung für mehr Bewegung während des ganzen Schultages ist entsprechendes Schulmobiliar. Es sollte das Bewegungsbedürfnis unterstützen und nicht verhindern, wie es derzeit meist der Fall ist. Das Schlagwort hierfür heißt aktiv-dynamisches Sitzen (siehe 4.1.3.3).

4.1.4 Beispiele für Aktivitäten im Fachunterricht

Von grundsätzlichen – bereits erwähnten – Aspekten abgesehen, bietet jedes Fach eigene Möglichkeiten handelnd tätig zu werden. Neben der Abwechslung, die sich daraus ergibt, hat dies auch immer den Vorteil, dass alles, was getan wird, wesentlich besser im Gedächtnis haften bleibt als alles was man nur gehört oder gesehen hat.

Natürlich gibt es sehr viele Bespiele in jedem Fach, von denen in diesem Buch nur einige wenige beispielhaft genannt werden können. Auf viele Ideen kommt man in dem eigenen Fach wahrscheinlich, wenn man sich etwas näher mit der Thematik befasst und den eigenen Stoff auf eine „bewegte“ Vermittlung hin beleuchtet. Weitere Tipps findet man in dem sehr ausführlichen Literaturverzeichnis in Kapitel 6.

4.1.4.1 Unterstufe (Sekundarstufe I, Klasse 5 bis 7)

4.1.4.1.1 Mathematik

In der Algebra und besonders in der Geometrie bieten sich immer wieder Gelegenheiten, das Klassenzimmer zu verlassen, um die gelernten Formel auf ihre Alltagstauglichkeit hin zu überprüfen. Stehen z. B. Rechtecke und Quadrate auf dem Lehrplan, kann man die Schüler in Kleingruppen auf dem Schulgelände Rechtecke und Quadrate suchen und sie auf einem (Arbeits-)Blatt aufschreiben lassen. Im Anschluss kann man die Kinder den Umfang eines vorgegebenen Rechtecks auf verschiedene Arten ermitteln lassen (z. B. mit einem Meterstab, mit Schritten, Schätzen etc.) Anschließend überprüfen sie die Messverfahren auf ihre Genauigkeit und machen sich Gedanken, welches das schnellste und welches das genaueste Messverfahren ist. Meist als Nebeneffekt ergibt sich dabei die Formel des Umfangs von Rechteck und Quadrat.

Entfernung abschätzen, messen und berechnen kann auch im Freien durchführen lassen. Größenverhältnisse auf einer maßstabsgetreuen Karte des Schulgeländes lassen sich berechnen, schätzen und in der Wirklichkeit überprüfen. Die Ursachen der oft sehr unterschiedlichen Ergebnisse kann man diskutieren. Ähnlich kann man natürlich auch bei anderen Körpern verfahren.

4.1.4.1.2 Sprachen (Deutsch, Englisch, Französisch etc.)

In allen Sprachen geht es immer wieder darum, Texte zu lesen und zu bearbeiten. Dabei kann den Kindern als erste Maßnahme gezeigt werden, dass sie die Textarbeit in verschiedenen Positionen durchführen können (liegend, normal oder auf einem Wackelbrett stehend, normal oder umgekehrt sitzend, ...). Danach sollen die Kinder den Text abschnittsweise vorlesen. Die Kinder sitzen dabei nach Möglichkeit im Kreis, damit sie nicht nach vorne kommen (den meisten ist es unangenehm so exponiert zu stehen), aber doch aufstehen müssen, um von ihrem Platz auf den „Vorleseplatz" im Kreis zu wechseln (siehe 4.1.4.2.2). Als Krönung kann man die Klasse in zwei Gruppen teilen, von denen die eine den Text vorliest und die andere ihn pantomimisch darstellt.

Viele Texte in den Englisch- und Französischbüchern eignen sich hervorragend für Darstellungen und Sketche, aus manchen lassen sich sogar kleine Theaterstücke produzieren. Besonders die jüngeren Schüler bringen mit großer Begeisterung Requisiten mit, um eine Szene oder ein Stück möglichst realitätsnah zu spielen.
Vielleicht lässt sich ja aus dem Inhalt einer Lektüre ein Theaterstück produzieren, das am Elternabend, beim Schulfest, an einem Projekttag o. ä. vorgeführt wird.
Weitere Möglichkeiten des aktiven Fremdsprachenunterrichts sind die Darstellung der Unterschiede in der Mentalität zwischen den einzelnen Nationalitäten. Durch welche Züge, Charaktermerkmale, Verhaltensweisen etc. unterscheiden sich beispielsweise die Amerikaner von den Engländern, Australiern, Schotten, Kanadiern, Wal-

lisern oder Iren? Wodurch unterscheidet sich ein Franzose von einem Deutschen?

Ein weitere Möglichkeit z. B. in das Schreiben von Diktaten mehr Bewegung zu bringen, sind sogenannte Laufdiktate. Der Text liegt an verschiedenen Stellen im Klassenzimmer aus. Die Kinder müssen zu den Plätzen gehen, sich einen Teil des Textes merken, auf ihren Platz gehen, den Text niederschreiben, anschließend wieder zum Text gehen usw., bis sie die Vorlage komplett abgeschrieben haben. Neben dem Abschreiben des Textes lernt man dabei noch einiges mehr!

4.1.4.1.3 Naturwissenschaftliche Fächer (Physik, Chemie, Biologie etc.)

Die „Natur"-wissenschaften sollten ihrem Namen öfter Ehre machen und die Natur für den Unterricht nutzen.
Der Physikunterricht bietet vielfältige Möglichkeiten aktiv zu werden: Das Thema Beschleunigung und Bremsweg lässt sich mit Hilfe des Fahrrads unter verschiedenen Bedingungen sehr gut im Freien untersuchen.

Die Klasse wird in drei Gruppen aufgeteilt. Jeweils zwei Kinder sind beispielsweise für das Messen des Bremswegs und das korrekte Ausfüllen einer vorbereiteten Tabelle zuständig. Die Zeit für den Beschleunigungsweg wird mit einer Stoppuhr von zwei weiteren Kindern ermittelt und notiert. Die restlichen Schüler fahren die Fahrräder. Die Aufgaben können von Station zur Station gewechselt werden. Die erste Gruppe untersucht die Zeit für die Beschleunigung und den Bremsweg auf einer trockenen Fahrbahn, die zweite Gruppe das gleiche auf einer Fahrbahn mit Sand, die dritte ermittelt die Werte schließlich auf Rasen. Alle Gruppen durchlaufen die drei Stationen und am Ende vergleichen sie die Länge des Bremswegs mit dem Belag und der Geschwindigkeit. Die Ursachen für unterschiedlichen Werte der einzelnen Gruppen werden diskutiert und die verschiedenen Faktoren, die eine Rolle spielen können, erarbeitet (Geschwindigkeit, Zustand der Bremsen, Bereifung, Fahrer etc.).

Trotzdem die Biologie eher ein Fach ist, in dem öfter mal in die Natur gegangen wird, ist das leider nicht bei allen Lehrern die Regel. Viele Dinge, wie z. B. das Suchen und Analysieren von Pflanzen, lassen sich sinnvollerweise nur in der Natur machen. Die Lehrkräfte, die meinen keine Zeit dafür zu haben, sollten sich klar machen, wie wichtig der Kontakt mit der Natur gerade für die „Computerkids" ist. Selbst bei fehlender Zeit besteht immer noch die Möglichkeiten Arbeitsaufträge zu verteilen, bei denen die Kinder die Hausaufgabe auf der Wiese oder im Wald machen müssen.

4.1.4.1.4 Geisteswissenschaftliche Fächer (Geographie, Sozialkunde, Geschichte etc.)

Unterrichtsgänge, die eine gute Möglichkeit der Bewegung und des Lernens darstellen sind in den weiterführenden Schulen leider etwas aus der Mode gekommen, obwohl sie die einmalige Möglichkeit der Aufnahme mit allen Sinnen bieten. Auch wenn sie mit einem gewissen Aufwand verbunden sind, sollte man nicht vergessen, dass sie sich meist sehr positiv auf die Motivation der Kinder auswirken. Der Besuch eines historischen Gebäudes oder einer alten Siedlung macht die Erläuterungen wesentlich anschaulicher und verständlicher für die Kinder. Wenn die Phantasie angeregt wird und sie eine gewisse Vorstellung z. B. von den Wohnverhältnissen unserer Vorfahren bekommen, ist das Thema viel interessanter als wenn sie nur Jahreszahlen und Daten aufschreiben und lernen.

Verkehrszählung oder einfache Passantenbefragungen werden in dieser Altersstufe meist mit Begeisterung durchgeführt.
Erosionen und Denudationen sind zwar aufgrund von Naturkatastrophen in aller Munde. Nur die Kinder können sich meist wenig darunter vorstellen, wenn man ihnen dieses Phänomen nur erklärt. Geht man aber mit Gießkannen bewaffnet auf den Sportplatz und

zeigt ihnen am Beispiel eines Sandhügels in der Weitsprunggrube was passiert, wenn große Wassermengen auf ungeschützte Erdmassen treffen, so wird das Phänomen plötzlich viel klarer. Lässt man anschließend auch noch Wasser einen Grashügel hinunterfließen, haben die Schüler viel Gesprächsstoff. Werden die unterschiedlichen Phänomene von Schülern mit Hilfe einer Versuchsanleitung selbst durchgeführt und anschließend auf einem Arbeitsblatt festgehalten, werden auch die folgenden Unterrichtsstunden von allen viel aktiver mit gestaltet.

Neben der Aktivierung im Unterricht besteht natürlich auch hier die Möglichkeit bei den Hausaufgaben mehr Aktivitäten einzubauen. Gezielte Aufgabenstellung zur Erkundung des eigenen Wohnortes und seiner Umgebung (historische Stätten, Flußterrassen, Nutzungskartierungen usw.) bringen mehr Bewegung in den Lernprozeß und erhöhen die Aktivität der Kinder, was vielfach dringend nötig ist. Besonders die jüngeren Schüler erfüllen solchen Aufgaben mit großem Engagement und meist auch mit Begeisterung.

4.1.4.1.5 Musische Fächer (Musik und Kunst)

Kunst hat sehr viel mit unserer Umwelt zu tun. Dies sollte man viel öfter dazu nutzen, hinauszugehen aus dem Schulgebäude. Ob die Kinder Objekte zum Malen in der Natur suchen müssen, oder ob ein bestimmtes Kunstobjekt zu Fuß oder mit dem Fahrrad angesteuert wird, ist nicht entscheidend, wichtig ist vor allem, dass sie sich dabei bewegen.

Ähnliches gilt natürlich auch in der Musik. Der Inhalt vieler schöner Lieder wird zum viel größeren Genuss, wenn man sich auch dort aufhält, wo das Lied „spielt".

Aber auch in der Schule kann man die Aktivität durch „Mit-Dirigieren" eines Stücks oder z. B. durch einen „bewegten" Kanon erhöhen. Geht man beim Singen der Tonleiter nicht nur mit der Stimme höher und tiefer, erhöht man nicht nur die eigene Aktivität, sondern man lernt auch bewusster. Überträgt man das ganze auf Lieder, ist es leichter zu erkennen, wann die Töne höher und wann sie tiefer werden. So lernen die Kinder spielerisch die Tonhöhen richtig zuzuordnen.

4.1.4.1.6 Fächerübergreifende Aktivitäten

Neben den Aktivitäten in den einzelnen Fächern gibt es natürlich eine Vielzahl von Kooperationsmöglichkeiten, die das Lernen erleichtern und – sozusagen als positiver Nebeneffekt – die Bewegungszeiten erhöhen.

Sketche, Theaterstücke u. ä. (siehe auch 4.1.4.1.2) stellen ein gute Möglichkeit dar, in Kooperation Inhalte und Wissen aus verschiedenen Fächern einzubringen. Deutsch, Fremdsprachen, Geschichte, Sozialkunde, Werken, Kunst, Musik, um nur einige zu nennen, können an einem Projekt arbeiten. Neben der meist über den normalen Unterricht hinausgehenden Aktivitäten (Lernen der Rollentexte, Proben, Erstellen von Kleidern und Bühnenbildern, Ausleuchten der Bühne, Zusammenstellen der Musik usw.) wird viel Lernstoff auf völlig andere Weise erfahren, vor allem aber werden Dinge vermittelt, die man im 45-Minuten-Unterricht nie weitergeben kann.

Alle Arten von Projekten bieten – auf unterschiedliche Weise – viele Möglichkeiten des Lernens und haben im Allgemeinen ein hohen Aufforderungscharakter. Sehr wichtig ist dabei auch, dass die Kinder über einen längeren Zeitpunkt sich intensiv mit einer Sache befassen und physisch, psychisch und sozial sehr aktiv sind (damit bleibt auch weniger Zeit für passives Konsumieren).

Drei Beispiele aus einer Unzahl von Möglichkeiten sind:

- ❑ Organisation und Durchführung eines Faschingsumzugs
- ❑ Wege unserer Nahrung
- ❑ Erstellung einer Klassenzeitung.

Auch einfache empirische Untersuchungen lassen sich fächerübergreifend oft besser durchführen:

Als Beispiel der Zusammenarbeit zwischen Physik, Biologie und Sport sei das Thema Anpassung des Herz-Kreislaufsystems in der Biologie genannt. Die Kinder laufen eine Minute in der Ebene mit Pulsmessung (davor und danach) und Messung der gelaufenen Strecke; anschließend steigen sie eine Minute lang eine Treppen (siehe Abbildung 7) hoch und wieder herunter. Welche Unterschiede ergeben sich beim Puls (was passiert im Körper und warum?), bei der Arbeit, der Leistung (der sportlichen und der physikalischen) etc. und wie kann man sie erklären?

So ist der Unterricht realitätsnah und macht (hoffentlich) Spaß.

(Grundlegende Informationen zur Durchführung von fächerübergreifenden Projekten in der Schule befinden sich in Band 1 der Reihe „Schule und Gesundheit".)

4.1.4.2 Mittelstufe (Sekundarstufe I, Klasse 8 bis 10)

4.1.4.2.1 Mathematik

Die Mathematik ist ein typisches Beispiel für die Erarbeitung von schwierigen Sachverhalten, die eine hohe Konzentration erfordern. Frontalunterricht in starrer Sitzordnung erleichtert diese Situation nicht unbedingt.

Um dieses Problem anzugehen und zu verändern, ist es notwendig, auch und gerade bei den Pubertierenden in dieses meist trockene Feld in jeder Hinsicht etwas mehr Bewegung zu bringen. Dabei bietet sich z. B. die in der Mathematik in den weiterführenden Schulen noch weniger als in anderen Fächern verbreitete Gruppenarbeit an. Verbindet man das Ganze noch mit Stationsbetrieb gerät der Unterricht tatsächlich in Bewegung.

Abbildung 7: Treppenlaufen

Dazu schließen sich die Schüler in Kleingruppen von ca. sechs Personen zusammen und durchlaufen verschiedene Stationen innerhalb des Klassenzimmers. Sie bestimmen jeweils einen Gruppenleiter, der die Aufgabe hat, die Mitschüler über einen Laufplan zu den jeweiligen Stationen zu führen. Die Aufgaben werden vorher auf die einzelnen Tische verteilt. Während der Gruppenarbeit steht der Lehrer den Schülern für Fragen zur Verfügung und gibt, wenn nötig, kleinere Hilfestellungen. Für die freie Wahl von Sitz-, Steh-, Liegepositionen an den jeweiligen Befragungsstellen kann man verschiedene Hilfsmittel einsetzen. Um zu vermeiden, dass zwei Schülergruppen gleichzeitig auf eine Station treffen, muss die Reihenfolge der Stationen für jede Gruppe vorher festgelegt werden. Als zusätzliche Absicherung werden genügend viele Aufgabenstellungen ausgearbeitet, so dass es mehr Stationen als Gruppen gibt. Die Aufgabenstellungen orientieren sich an dem jeweiligen Stoff und versuchen nach Möglichkeit das Klassenzimmer mit einzubeziehen. Es sollen z. B. verschiedene Körper aus dem Klassenzimmer auf Papier festgehalten und in mathematische Untergruppen eingeteilt werden. Dadurch wird dann einerseits ein Bezug zur Realität hergestellt und andererseits gewährleistet, dass sich die Schüler außer von Station zu Station zusätzlich bewegen.

4.1.4.2.2 Sprachen (Deutsch, Englisch, Französisch etc.)

Das Fach Deutsch und die Fremdsprachen stellen ein ideales Feld für die Bewegte Schule dar. Dazu ist es nötig, sich davon zu verabschieden, dass Sachverhalte nur mit der Sprache allein verdeutlicht werden können und müssen. Folgendes Beispiel verdeutlicht dies:

Die Schüler beschäftigen sich im Deutschunterricht immer wieder mit Erzählungen. Bei entsprechender Textwahl lassen sich sehr gut fächerübergreifende Themen behandeln (Bewerbung, Gesundheit, Umwelt usw.). Um mehr Bewegung in die Texterarbeitung zu bringen, empfiehlt sich bei kurzen Texten folgende Einteilung:

- die gemeinsame *Lektüre* des Textes,
- das Erfüllen eines Arbeitsauftrags in *Stillarbeit* und
- die *Präsentation* der Ergebnisse mit einem anschließenden Unterrichtsgespräch.

Um die erstmalige Textlektüre mit Bewegung zu verbinden, ist es sinnvoll, dass die Schüler sich von ihrem Stuhl erheben und einen bestimmten „Lesestuhl" besetzen müssen. Um die von den Schüler meist ungeliebte, exponierte Position vor der Klasse zu vermeiden, bietet es sich an, einen Kreis aus Stühlen, Sitzbällen etc. zu bilden, so dass sich der „Lesestuhl" nicht vor der Klasse befindet, sondern in den Kreis integriert ist. Jeder Schüler muss nun von seinem Platz im Kreis zum „Lesestuhl" gehen und dort einen markierten Absatz der Erzählung vorlesen.
Danach erhalten die Schüler Arbeitsaufträge für die anschließende Stillarbeit aufgelegt.

Um auch in dieser Phase das übliche Sitzen am Tisch zu durchbrechen, kann man den Schülern die Wahl des Arbeitsplatzes freistellen: am Tisch, im Sitzen, im Stehen, am Fensterbrett, auf den Sitzbällen oder am Boden auf Matten etc. Ziel der Aufgaben 2 und 3 ist es, nicht nur ein Nachdenken über den Text, sondern auch ein Hineinversetzen in ihn anzuregen und die Jugendlichen auch auf diese Weise innerlich zu bewegen (ist natürlich vom gewählten Text abhängig).
Die Präsentation der Ergebnisse erfolgt dann im gleichen Verfahren wie die erste Textlektüre. Auch hier müssen die Schüler sich entweder zur Mitte des Kreises oder auf den „Lesestuhl", zum Vortrag ihrer Ergebnisse bewegen.

4.1.4.2.3 Naturwissenschaftliche Fächer (Physik, Chemie, Biologie etc.)

Auch in dieser Altersstufe sollten die naturwissenschaftlichen Fächer öfter nach draußen gehen. Gerade in der Biologie läßt sich in der Natur vieles anschaulicher erläutern und vor allem zeigen.

Aber auch der Physikunterricht bietet vielfältige Möglichkeiten aktiv zu werden. Der Bau eines Heißluftballons macht zum einen die enorme Pionierleistung von Erfindern deutlich, zum andern werden viele physikalischen Gesetze attraktiv veranschaulicht und somit viel bewusster gemacht. Die Schüler erfahren z. B.,

- dass bei ihrem Nachbau genauso wie bei den Originalen das Gewicht und dessen Reduzierung bei gleichzeitiger Erhaltung eines hohen Qualitätsstandard bei den Materialien ein zentraler Aspekt ist (anderenfalls steigt ihr Ballon nicht oder er verbrennt, die großen bleiben nicht lange genug in der Luft und stellen ein Sicherheitsrisiko dar);
- worauf sie beim Bau achten müssen, warum man sehr genau arbeiten muss, welche Brennstoffe sich eignen usw.

Darüber hinaus haben sie ein echtes Aha-Erlebnis, wenn der Ballon dann tatsächlich – und seien es nur ein oder zwei Meter hoch – steigt.

Alle drei – Physik, Chemie und Biologie – sind Fächer, in denen man mit unterschiedlichsten Versuchen den Stoff attraktiv vermitteln und nebenbei dafür sorgen kann, dass die Jugendlichen von einer passiv und sitzenden in eine aktive und sich bewegende Rolle wechseln.

4.1.4.2.4 Geisteswissenschaftliche Fächer (Geographie, Sozialkunde, Geschichte etc.)

Mehr Exkursionen bringen auch in dieser Altersstufe Abwechslung in den Unterricht und mehr Motivation in die Fächer.

Spielerisch können die Schüler das empirische Arbeiten durch Befragungen (Lehrer, Eltern, Mitschüler, Passanten) lernen. In Kombination mit Verkehrszählungen, Nutzungskartierungen etc. lässt sich ein Verkehrsprojekt starten, an dessen Ende z. B. stichhaltige Argumente für oder gegen eine (Erweiterung der) Fußgängerzone stehen könnten. Vielleicht aber wird über diesen Weg einfach nur die unterschiedliche Struktur eines Dorfes in Großstadtnähe zu der in einer ländlich geprägten Region deutlich.

Auch in dieser Altersstufe werden Zählung, Kartierungen und Befragungen ganz gern durchgeführt. Über die Pannen, Kuriositäten etc. des ersten selbst durchgeführten Interviews gibt es meist unter den Mitschülern viel zu erzählen.

Neben der Aktivierung im Unterricht besteht die Möglichkeit als Hausaufgaben Arbeitsaufträge zu vergeben (siehe auch 4.1.4.1.4). Auch Referate müssen nicht unbedingt das Ergebnis von gelesener Lektüre sein, sondern können durchaus die Vorstellung der Ergebnisse einer praktischen Arbeit sein. Manchem Computerfreak bereitet es sicherlich Freude, die Ergebnisse zu einer attraktiven Präsentation zusammenzustellen und darzubieten.

4.1.4.2.5 Musische Fächer (Musik und Kunst)

Besonders Kirchen sind nicht selten kunstgeschichtliche Museen, mit deren Hilfe sich manche Epoche viel anschaulicher erläutern lässt. Ganz abgesehen von der eigenen Geschichte, die jede Kirche zu etwas Besonderem macht. Der Vergleich mit anderen historischen Gebäuden aus der gleichen Zeit ermöglicht einen tieferen Einblick in die Schaffenskraft einzelner Epochen, als es ein Buch oder die Erklärungen im Unterricht vermitteln können. In der näheren Umgebung lässt sich solch eine Erkundung bewegungs- und umweltfreundlich mit dem Fahrrad durchführen.

Dies gilt übrigens auch für die Musik. Fast jede Kirche hat ihre eigene Orgel, die sich immer auch durch einen speziellen Klang auszeichnet. Auch für Jugendliche ist es sicherlich ein schönes Erlebnis, gleiche Lieder auf verschiedenen Orgeln zu hören und sich anschließend darüber Gedanken zu machen, was der Grund für den doch oft sehr unterschiedlichen Klang ist. Nimmt man dann noch ein Tasteninstrument der Schule mit hinzu, wird plötzlich auch das Innenleben der Musikinstrumente und deren historische Wurzeln viel interessanter.

4.1.4.2.6 Fächerübergreifende Aktivitäten

Je älter die Schüler werden und je komplexer der Stoff wird, der ihnen vermittelt wird, desto häufiger werden die Grenzen eines Faches überschritten. Im Englischbuch steht in der zu behandelnden Lektion eine Abhandlung über das Leben eines Arbeiterkindes zu Beginn der industriellen Revolution in England. Der Englischlehrer gibt Hintergrundinformationen zu diesem Text und befindet sich plötzlich mitten im Fach Geschichte, Wirtschaft oder Physik, je nachdem, ob er z. B. auf den Wandel der Gesellschaft, die Bedeutung des Kapitalismus oder die Funktionsweise der ersten Dampfmaschinen näher eingeht. Dies schreit geradezu nach fächerübergreifender Kooperationen. Denn die Schüler sollen die Komplexität erfassen lernen und dies geht leichter, wenn sie die Zusammenhänge aufgezeigt bekommen. Zumindest am Anfang ist es für die Schüler äußerst schwierig, die Vernetzungen der einzelnen Fächer selbst zu erkennen, zumal ihnen meist der dazu notwendige Überblick fehlt.

Beispiele, oft sehr aktuelle, lassen sich eine Vielzahl finden. Das gilt für die Gentechnik und den Drogenkonsum ebenso wie für die Klimaerwärmung und Naturkatastrophen.
Auch Themen aus 4.1.4.1.6 lassen sich wieder aufgreifen, im Sinne des spiralförmigen Aufbaus vieler Lehrpläne, und vertiefend behandeln.

Beispielhaft sei das Thema Anpassung des Herz-Kreislaufsystems in der Biologie genannt. Mit den älteren Schülern kann man nun z. B. näher auf die Formen der Energiebereitstellung eingehen und ihre Auswirkungen auf verschiedene sportliche Betätigungen. Welche sind aufgrund dessen als gesund, welche als weniger gesund anzusehen usw. Bedeutet eine hohe sportliche Leistung gleichzeitig eine große (physikalische) Leistung? Wie hoch ist die dabei verrichtete (physikalische) Arbeit? Ähnliche Beispiele lassen sich natürlich auch bei anderen Fächerkombinationen finden.

Letztendlich sind die Schülerinnen und Schüler meist sehr dankbar, wenn zumindest gelegentlich der normale Schulalltag verlassen wird und ein bißchen „Bewegung“ in die oft verkrusteten Strukturen kommt. Ob Schattentheater gespielt, einen spanischer Abend vorbereitet oder eine Zirkusvorführung geplant wird, in allen Fällen wird sehr viel gelernt, besonders der Umgang miteinander, der in unserer Ein-Kind-Gesellschaft aufgrund der fehlenden Geschwister nicht automatisch gefordert ist.

Fächerübergreifende Projekte müssen auch in dieser Altersstufe einen höheren Stellenwert bekommen, was nicht heißt, dass der Unterricht nur aus Projekten besteht, aber sie müssen öfter genutzt werden, um komplexe Zusammenhänge deutlich, vernetzte Strukturen sichtbar und die Informationsflut überschaubar zu machen.

Einige Beispiele aus einer Unzahl von Möglichkeiten seien hier genannt:

- ❑ Errichtung eines Informationsstands zu einem bestimmten Thema (bedrohte Tierarten, Umweltprobleme in Rußland, Nahrungssituation in Zentralafrika) in der Fußgängerzone der Stadt
- ❑ Vorbereitung und Durchführung einer Demonstration (Thema z. B.: Einführung der „Bewegten Schule“)
- ❑ Wettbewerbsorientierte Präsentation der Schule im Internet.

Auch empirische Untersuchungen lassen sich fächerübergreifend oft besser durchführen.
Flexibilität, Teamfähigkeit, Projektmanagement sind Anforderungen der Gegenwart. Darauf müssen die Jugendlichen vorbereitet werden. In unserer von schnellen Wechseln und Veränderungen geprägten Zeit ist es von zentraler Bedeutung, dass die Jugendlichen lernen, ein Projekt von der Planung über die Durchführung bis hin zur Auswertung durchstehen zu können und nicht ständig

zwischen verschiedenen Aktivitäten hin- und herzu-„zappen". (Grundlegende Informationen zur Durchführung eines Projekts in der Schule befinden sich in Band 1 der Reihe „Schule und Gesundheit".)

4.2 Außerunterrichtliche Bewegungsaktivitäten

4.2.1 Pausensport

Pausensport ist als Teil der „Bewegten Schule“ ein wichtiger Bereich für Bewegungsaktivitäten als Ausgleich zum weit verbreiteten Sitzunterricht an der Schule. Denn selbst wenn eine Schule sich dazu entschließt mit Hilfe der Module der „Bewegten Schule“ (3.2) mehr Aktivität in die Schule zu bringen, werden sich sicherlich nie alle Lehrkräfte daran beteiligen, so dass dem Pausensport weiterhin eine sehr zentrale Bedeutung zukommt. Voraussetzung des Pausensports ist und bleibt aber die ausreichende Zahl an Sportstunden, die die Grundlage für sinnvolle und gesundheitsorientierte Aktivitäten in der Pause sind. Dies stellt aufgrund der momentanen Kürzungswellen im Sportunterricht ein zunehmendes Problem dar. Neben dem Sportunterricht dienen weitere Aktivitäten wie Sportwochen oder Spiel- und Sportfeste als Anregung für die Aktivitäten in der Pause.

4.2.1.1 Inhaltliche Grundlagen

Neben dem Begriff „Pausensport an der Schule“ gibt es noch einige andere Begriffe, die alle mehr oder weniger das gleiche meinen und sich vornehmlich auf Bewegungsaktivitäten während des Vormittagsunterrichts beziehen, z. B. „Aktive Schulpause“, „Bewegungs- und Spielpause an der Schule“, „Der Schulhof als Bewegungsraum“, „Schulpausensport“, „Pausenspielhof“. Klar getrennt werden sollte dieser Bereich auf jeden Fall von der Bewegungspause während des Unterrichts.

Geeignete Voraussetzungen für den Pausensport sind zunehmend von Bedeutung, weil die Aktivitäten während der Pause ein wichtiges Element des Bewegungslebens von Kindern und Jugendlichen in der Schule bilden und dies um so mehr, weil sie dazu beitragen, Entwicklungen entgegenzuwirken, die sich nachteilig auf das Bewegungs- und Spielverhalten von Kindern und Jugendlichen auswirken (siehe 2). Erhebliche Defizite sind auch im Bereich der motorischen Entwicklung und des allgemeinen Gesundheitszustands von Kindern festzustellen, die teilweise alarmierend sind. Um so wichtiger ist es, alle verfügbaren Freiräume an Schulen für Bewegungsaktivitäten zu nutzen.

4.2.1.2 Ziele des Pausensports

Ziel des Pausensports sollte das Bereitstellen von Bewegungsräumen sein, in denen pädagogisch sinnvolle Betätigung möglich ist. Dazu ist zum einen ein ausreichendes Angebot an (geeigneten) mobilen Spiel- und Sportgeräten nötig und zum anderen, wenn irgend möglich, die Einbeziehung der Spiel- und Rasenflächen der Sportstätten wünschenswert. Wenn es darüber hinaus gelingt, den Sachaufwandsträger der Schule von der Wichtigkeit zusätzlicher, fest installierter Geräte zu überzeugen, kann das schon als optimal betrachtet werden.

Pausensport findet außerhalb des Sportunterrichts statt, darf also auch kein Unterricht im eigentlichen Sinne sein. Dennoch sollte die Chance genutzt werden, Ziele wie Selbstorganisation, Konfliktlösung, soziales Handeln u. a. in diesem pädagogischen Freiraum zu verwirklichen. Durch Pausensport erfolgt eine weitere verbesserte Integration des Bewegungslebens in den Schulalltag. Vom Sportunterricht können Anregungen für Pausenspiele ausgehen. Anfangs sollte der Sportunterricht sogar eine Einführung und Vorbereitung auf die Bewegungspause bieten. Andererseits können aus den Beobachtungen und Erfahrungen im Pausensport auch Impulse für den Sportunterricht ausgehen. Über Pausensport kann es gelingen, Elemente aus dem freien, oft vielfältigen Bewegungsleben von Kindern in die Schule zu tragen. Die Bewegungspause erfordert vom Lehrer ein erweitertes Verständnis seiner Aufgaben.

Mit dem Pausensport lassen sich unterschiedliche Ziele verwirklichen, die man in vier Bereiche untergliedern kann: Erfahrungs- und Erlebnisbereich, soziale und kommunikative Bewegung, körperlicher und psychischer Ausgleich und Förderung koordinativer Fähigkeiten. Diese sollen kurz näher erläutert werden (nach: ALTENBERGER u. a. 1989b, 3–5).

Pausensport als Erfahrungs- und Erlebnisbereich

- ❑ Schaffung motorischer Erprobungsmöglichkeiten sowie einfacher, kontrollierbarer Abenteuer- und Risikogelegenheiten;
- ❑ Möglichkeit zum Sammeln vielfältiger Bewegungserfahrungen (indirekt wird damit auch dem Bewegungsdrang der Kinder und Jugendlichen Rechnung getragen);
- ❑ Entwicklungs- und Vergleichsmöglichkeit unterschiedlicher Lösungs- und Bewältigungsmöglichkeiten (eigenständige und freie Ausgestaltung von Geräten oder Spielideen durch die Schüler);
- ❑ Wecken bzw. Verstärken von Interesse und Freude an Bewegung und Spiel;
- ❑ Hinführen der Kinder und Jugendlichen zur Selbsteinschätzung ihrer Leistungsfähigkeit (Sicherheitstraining);
- ❑ Förderung der Eigeninitiative durch Vorschläge zur Veränderung und Verbesserung des Pausensports.

Pausensport als körperlicher und psychischer Ausgleich
(im Sinne von Regeneration und Kompensation)

- ❑ Beseitigung der Ermüdung durch gezielte Bewegungsaktivität als Ausgleich für die Unterrichtsbelastungen (Sitzzwang, einseitige geistige Anforderungen);
- ❑ Verbesserung und Wiederherstellung der Aufnahme- und Konzentrationsfähigkeit durch Entspannung und aktive Erholung (→ Steigerung des Unterrichtserfolgs);
- ❑ Abbau von Streß und anderen psychischen Belastungen;
- ❑ Aktivierung des Stoffwechsels durch aktive Erholung;
- ❑ Vorbeugung gegen Haltungsschwächen.

Pausensport als Beitrag zur sozialen und kommunikativen Bewegung

- Anregungen für außerschulische Freizeitaktivitäten;
- Freude an freiwilligen Bewegungsaktivitäten in der Pause (im Gegensatz zum Unterricht);
- Selbstorganisation von Spiel- und Bewegungsaktivitäten;
- Förderung gemeinsamer Spiel- und Bewegungserlebnisse;
- Abbau von Unzufriedenheit und Aggression durch gemeinsame Spiel- und Bewegungserlebnisse;
- Verbesserung der Kommunikation durch Konfliktlösungen, Regelvereinbarungen und andere Absprachen;
- Möglichkeit der selbständigen Konfliktbewältigung, der Rücksichtnahme, des gegenseitigen Helfens und der Kooperationsbereitschaft (als Vorbereitung auf eigenverantwortliches Sporttreiben und Spielen außerhalb der Schule);
- Möglichkeit der Integration von sportlich schwächeren Schülern und Außenseitern;
- Chance gemeinsamer Aktivitäten beider Geschlechter (Kennenlernen neuer Spiele).

Pausensport zur Förderung koordinativer Fähigkeiten

Die Entwicklung koordinativer Fähigkeiten bildet eine zentrale Basis für die Bewegungs- und Sportentwicklung von Kindern und Jugendlichen. Um in Zeiten zunehmender Bewegungsarmut in der Schule einen Beitrag zu leisten und die Bewegungsbereitschaft der Heranwachsenden zu erhöhen, muss das Bewegungsangebot beim Pausensport folgende Aspekte berücksichtigen:

- hoher Aufforderungscharakter zur Erhöhung des Reizes zum Wiederholen, Erproben, Riskieren, Verbessern und Steigern;
- Initiierung von Ganzkörperbeanspruchungen;
- Differenzierbarkeit und Dosierbarkeit der Leistungsanforderungen (z. B. unterschiedliche Höhen, Schwierigkeiten etc.);
- Verschiedenartigkeit der Bewegungsqualitäten und Leistungsanforderungen (Zulassen individueller und sozial-kommunikativer Ausführungen);

- Hervorheben des Spielcharakters der Bewegungsaktivitäten (keine Trimmparcours auf Schulhöfen);
- Berücksichtigung des typischen „Pausenansturms" bei der Art, der Anordnung und der Wahl der Betätigungen (vielen Schüler in der relativ kurzen Pause viel Bewegung ermöglichen).

4.2.1.3 Planungshilfen zur Gestaltung bzw. Umgestaltung eines Pausenhofs

Wie in 3.1 bereits verdeutlicht, erleichtert die Einrichtung einer Arbeitsgruppe das Vorhaben, indem sie die schulischen Gegebenheiten genau analysiert und daraus die Planung für die Pausenhofgestaltung entwickelt. Die Bildung einer eigenen (Unter-)Arbeitsgruppe für den sehr umfangreichen Bereich der Pausenhofgestaltung ist durchaus denkbar und in machen Fällen sehr sinnvoll.

Auch hier müssen die Bedürfnisse der Kinder und Jugendlichen genau eruiert und auf Durchführbarkeit hin untersucht werden; das bezieht sich auf die Art der Aktivitäten, die Gliederung des Schulhofs und die Ausgestaltung der einzelnen Bereiche.
Nach der Diskussion mit Schülern, Lehrern, Eltern, dem Direktorat und den Hausmeistern wird ein Vorschlag erstellt, der unter Einbeziehung der beteiligten öffentlichen Ämter (Amt für Grünflächen, Bauamt, Jugendamt) der zuständigen Schulbehörde und/oder dem Sachaufwandsträger zur Genehmigung vorgelegt wird. Ziel muss es aber trotz aller Behördenvorschriften sein, die Bedürfnisse der Betroffenen (vor allem der Schüler, aber auch der Lehrer und des Hausmeisters) nicht aus den Augen zu verlieren.

Aus pädagogischer Sicht ist es wünschenswert, dass das Angebot an Pausenaktivitäten zu einer Strukturierung der Flächen führt. Neben Bereichen für Bewegungsspiele unterschiedlichster Art, sollten Zonen für Kommunikation ebenso eingerichtet werden wie Rückzugsbereiche. Die gerade in der heutigen Zeit immer wichtiger werdende Förderung sozialer Beziehungen sollte durch die Gestaltung erleichtert und nicht erschwert werden. Die Gliederung des Pausenhofs in unterschiedliche Aktivitätsbereiche muss sich an den altersspezifischen Bedürfnissen und Interessen der Kinder und Jugendlichen orientieren und sieht deshalb bei einem Gymnasium etwas anders aus als beispielsweise bei einer Hauptschule.

Auch hier ist aus den bereits erwähnten Gründen (siehe 3.1) Eltern- und Schülermitarbeit sehr wünschenswert und auch sinnvoll. Die Lehrer müssen durch entsprechende Fortbildungen auf ihre neue Rolle vorbereitet werden. Neben der nach wie vor nötigen Aufsichtstätigkeit sind sie verstärkt beratend, unterstützend, anregend und fördernd tätig.
Für einen reibungslosen Ablauf ist eine sinnvolle räumliche Gliederung des Pausenhofs nötig. Dazu ist es zunächst wichtig zu wissen, welche Bereiche eingerichtet werden müssen. Im Prinzip lassen sich drei (eine Laufzone, eine Ruhezone und einen Spielbereich) oder, bei etwas detaillierterer Untergliederung, fünf Zonen unterscheiden:

Eingangsbereich:	stellt die Verbindung zwischen Straße und Schule dar
Ruhebereich:	enthält Sitzgelegenheiten an ruhigen windgeschützten Plätzen; außerhalb der normalen Laufwege
Sportbereich:	repräsentiert den hauptsächlichen Aktivbereich mit Ballspielplätzen und Spielzonen
Kleinspielbereich:	bildet den möglichst ungestörten Bereich für Hüpfspiele aller Art, Markierungen sind bereits vorhanden oder können problemlos aufgezeichnet werden
Verfügungsbereich:	ist eine nicht strukturierte Zone, die unterschiedliche Aktivitäten zulässt; z. B. Lauf- oder Fangspiele, aber auch die Entwicklung neuer Aktivitäten

Ein Beispiel für eine Pausenhofgestaltung befindet sich in Kapitel 7.5.

Abbildung 8 macht eine schulstufenbezogene Schwerpunktbildung in der Bereichsgliederung deutlich (verändert nach SCHÜNEMANN 1983, 85). Der Pausenhof sollte sich dabei in folgende Bereiche unterteilen:

	Jahrgangs-stufe 5–6	**Jahrgangs-stufe 7–10**
allgemeine, kleinräumige Aufenthaltsbereiche		
Rückzugsbereiche Sitzecken, Sitznischen	⊙	**O**
Überdachte Sitz- und/oder Aufenthaltsbereiche	**O**	**O**
zentrale Treffpunkte	○	**O**
Spielzonen, Spielnischen	**O**	⊙
spezielle, kleinräumig Spielbereiche		
Gerätespielbereiche	⊙	○
Freizeitspielbereiche	⊙	**O**
allgemeine, flächige Spielbereiche		
befestigte Bewegungsspielbereiche (Turngarten)	**O**	⊙
Rasenflächen	⊙	**O**
spezielle, flächige Spielbereiche		
markierte Kleinspielfelder	○	○
Tennisfelder	○	⊙
Rasensportfelder	○	⊙

O unbedingt notwendig ⊙ wünschenswert ○ nicht (unbedingt) notwendig

Abbildung 8: Bereichsgliederung eines Pausenhofs (nach Schulstufen)

Bezüglich der Einteilung der zur Verfügung stehenden Flächen sollten folgende Kriterien beachtet werden (nach: Altenberger u. a. 1989b, 10–13):

- Ausnutzung der gesamten zur Verfügung stehenden Flächen. Interessante Aktivitätsbereiche können auch an den Außenrändern plaziert sein, um eine Entzerrung von Schülerballungen und eine gleichmäßigere räumliche Verteilung zu erreichen;
- Zuordnung allgemeiner Aufenthaltsbereiche in Form von Sitzecken, Treffpunkten, insbesondere in der Nähe der Eingangszonen von Schulen im Mittelstufenbereich;
- Gruppierung der Bereiche nach den zu erwartenden Geräuschentwicklungen;
- Berücksichtigung der Hauptwegeverbindungen sowohl zu Gebäudeeingängen und speziellen Aktivitätsangeboten als auch zwischen den verschiedenen Teilräumen;
- Berücksichtigung kleinklimatischer Faktoren (Besonnung, Beschattung, Wind);
- Ausnutzung von Gebäudestrukturen (Gebäudewinkel, Mauervorsprünge und -einbuchtungen, Überdachungen) zur Anlage von Aufenthaltsbereichen;
- Ausweisung von Aufenthaltsbereichen verschiedener Größenordnung, um den wechselnden Gruppengrößen und Interaktionsformen der Schüler zu entsprechen, z. B.:
  - kleine Sitznischen mit wenig mobilen Sitzgelegenheiten,
  - größere Spielecken mit zusätzlich festem Mobilar für Zuschauer und wartende Mitspieler,
  - große zentrale Treffpunkte mit abgestuften Sitzgelegenheiten und Möglichkeiten zum Anlehnen in der Nähe der Eingangsbereiche,
  - überdachte Sitzplätze mit variabler Bestuhlung sowohl für Pausen als auch zur Unterrichtsnutzung;
- Zuordnung von Sitzecken zu interessanten Aktivitätsbereichen, wie Tischtennis, Sportfeldern, Gerätespielplätzen;

Abbildung 9: Pausenhof

- Gliederung des Schulhofs in räumliche und funktionale Teilflächen, mit dem Ziel:
  - anstatt einer Gesamtfläche, mehrere räumlich definierte Spielbereiche zu haben,
  - durch eine günstigere Verteilung der Kinder zu einer Entzerrung sich störender Aktivitäten und damit zu einer Entschärfung unfallträchtiger Situationen beizutragen,
  - vielfältige Aktivitäten zu ermöglichen ohne monofunktional zu sein,
  - Kommunikation zu fördern,
  - zwanglos zu Spiel und Bewegung anzuregen,

- über die Ausstattung Einblick in natürliche Zusammenhänge und Strukturen zu eröffnen,
- durch die Art der Ausgestaltung das körperliche und seelische Wohlbefinden zu fördern.

Ergänzend gilt es auch bei den Anlagen der Teilbereiche folgende Aspekte zu berücksichtigen:

- ❑ Markierte Hüpfflächen sind relativ billig, einfach anzubringen (Kreide oder Dauerfarbe), allerdings sollte auf ebenen Untergrund geachtet werden, um die Stolper- und damit Verletzungsgefahr zu minimieren, außerdem sollte die Fläche beschreibbar sein; diese Flächen können bei fehlendem Geld sofort auf jedem asphaltierten Pausenhof geschaffen werden
(Schachspielfelder eignen sich für die Vormittagspausen weniger, da sie relativ viel Fläche beanspruchen und die Pausen für ein Spiel zu kurz sind);
- ❑ Die Ruhezonen und Sitzgelegenheiten sollten aus Sitzmulden, Liegehügel und variablen Sitzgelegenheiten bestehen; wichtig ist, dass sie einfach und stabil sind;
- ❑ Die Murmelbahnen können gut mit Sitz- und Ruhezonen kombiniert werden (Murmeln ist im Allgemeinen eine ruhige Beschäftigung); es ist lediglich eine glatte Erdfläche (2x2 m) erforderlich;
- ❑ Die Ballspielflächen sollten abseits liegen, am besten auf Rasen;
- ❑ Für das Tischtennisspiel ist ein Platz von 6x3 m pro Platte erforderlich, am besten eignen sich robuste und fest installierte wetterfeste Platten;
- ❑ Da die Turn-, Kletter- und Balancierbereiche eine erhöhte Konzentration erfordern, sollten sie von den anderen Bereichen abgegrenzt werden (am besten durch eine Pflanzenzone).

Abbildung 10: Pausenaktivitäten bei schlechtem Wetter

Bei der Auswahl und Anordnung der Spielgeräte sollten folgende Kriterien beachtet werden:

- Einfache und robuste Ausstattungen (wichtig sind dabei der ausreichende Raum für den Betätigungsdrang und genügend Anregungen für die Phantasie);
- Anpassung der Spielgeräte an die unterschiedlichen Jahrgangsstufen;
- Sichtverbindung zwischen Übungsmöglichkeiten (Lernen durch Beobachtungen und Nachahmungen);
- Möglichkeit der Nutzung der Spielgeräte in Straßenkleidung;
- Verwendung möglichst vielfältig nutzbarer Turn- und Kletterkombinationen, die unterschiedliche Aktivitäten wie schaukeln,

hangeln, turnen, sitzen, klettern etc. ermöglichen, anstatt zahlreicher Einzelgeräte;
- Berücksichtigung von Geräten, die von mehreren Schülern benutzt werden können. Sie sollten dem typischen Pausenansturm gerecht werden;
- Auswahl von Geräten, die eine Integration in Spielaktionen ermöglichen (z. B. Eroberung eines Klettergerüses, Geschicklichkeitswettkampf beim Klettern, Einbeziehung in Fangspiele als Mal oder Hindernis);
- Verwendung von Spielgeräten, die aufgrund ihrer Materialbeschaffenheit differenzierte Bewegungsformen initiieren (z. B. Klettergelegenheiten aus elastischen Seilen);
- Zurückhaltung in der Übernahme konventioneller bzw. modischer Geräte öffentlicher Spielplätze in den Schulaußenraum, ohne deren Nutzungsmöglichkeiten und Standortbedingungen zu prüfen;
- Überprüfung der Sicherheits- und Unfallaspekte (siehe weiter unten);
- Optimierung der Nutzungsbedingungen von Spielgeräten durch raumbildende und gestaltende Maßnahmen (z. B. Hecken, Bankreihe);
- Berücksichtigung der zur Verfügung stehenden Nutzungszeit, langwierige und komplizierte Spielabläufe wegen der kurzen Pausenzeit vermeiden;
- Ausweisung von Freizeitspielgeräten mit hohem Beliebtheitsgrad nicht als Einzelgeräte, sondern in Gruppen.

Bei den Kletter- und Hangelgeräten sollten die Kinder vor allem ihre Arme gebrauchen, um sich fortzubewegen und ihr eigenes Körpergewicht zu tragen. Die Kinder müssen sich recken und strecken und geschickt bewegen, um von einer Klettermöglichkeit zur anderen zu gelangen. Bei den Kletterübungen wird nicht nur die Armkraft verbessert, sondern es erfolgt eine allgemeine Kräftigung der gesamten Rumpfmuskulatur. Auch Koordination und Beweglichkeit spielen eine Rolle.

Die Balanciergeräte eignen sich hervorragend für Gleichgewichts- und Koordinationserfahrungen. Das ständige Ausbalancieren des Körpers während eines Bewegungsvollzugs ist sowohl hinsichtlich der Koordination als auch der Wahrnehmung ein komplexer Vorgang, der zur Entwicklung, Verbesserung und Erhaltung seiner Qualität dauernd geübt werden muss.
Die Pausenspielgeräte sollten unterschiedliche Unterstützungsflächen bieten, z. B. verschiedene Balken, auf denen statisches und dynamisches Gleichgewicht geübt werden kann (d. h. das Ausbalancieren des eigenen Körpers und das Fortbewegen des eigenen Körpers). Gerade der Wechsel von labiler und stabiler Unterlage schult das Gleichgewicht besonders wirksam. Kinder brauchen wenig Anleitung, um mit diesen Geräten umgehen zu können. Sie erfinden schnell Übungen, die immer komplizierter und schwieriger werden und ihrem individuellen Übungsstand angepasst sind.

Um Unfälle auf Pausenhöfen möglichst zu vermeiden, sind bestimmte Maßnahmen bei der Planung, der Aufsicht und der Nutzung des Pausenhofs zu beachten:

- Entflechtung unterschiedlicher Schüleraktivitäten durch Ruhe- und Aktionszonen;
- Lauf- und Spielflächen von losem Material wie Splitt, Schlacke, grobem Kies freihalten; dies sind Stolpersteine oder Wurfgeschosse;
- Harte Asphalt- und Betonsteinflächen sollen auf notwendige Verkehrs- und kleinere zusammenhängende Laufbereiche beschränkt bleiben. Rasen dagegen sollte viel öfter als betretbar zugelassen werden.
- Blumenkübel, Abfallbehälter, Fahrradständer und ähnliche Gegenstände sind außerhalb von Lauf- und Spielzonen anzuordnen, da sie sonst als Hindernisse gefährlich werden oder sogar zum „Herumturnen“ animieren.
- Beschädigte Spielgeräte und Spielanlagen müssen umgehend repariert werden.

Die rechtliche Grundlagen zu Fragen der Sicherheit sind festgehalten in:

- den allgemeinen Schulbaurichtlinien (ASchBauRL)
- den Richtlinien „Bau und Ausrüstung von Schulen“ des GUV der Länder
- den Richtlinien „Spielgeräte in Kindergärten“ GUV 26.1
- der DIN 58125 „Schulbau“
- der DIN 18034 „Spielplätze und Freiräume für Spielen“
- der DIN EN 1177 und 1176/1„Kinderspielgeräte“

Trotz aller Vorsichtsmaßnahmen bergen Bewegungsspiele im Freien und Spiele an Geräten Gefahren. Dieser Gefahr durch Geschicklichkeit zu entgehen ist ein wesentliches Element des Spiels. Ein Spiel, das keinerlei Risiken in sich birgt, verliert einen großen Teil seines Reizes. Es gehört vielmehr zur Aufgabe des Spiels, dem Kind Gelegenheit zu geben, seine Geschicklichkeit und seine Fähigkeiten zu erproben, Schwierigkeiten zu überwinden, Gefahren zu vermeiden.
Die technische Sicherheit von Spielgeräten ist in den DIN-Vorschriften festgelegt (Agde u. a. 1989). Allerdings müssen alle aufgestellten Geräte im Schulhofbereich vom TÜV geprüft werden. Deshalb ist die Verwendung von Geräten „Marke Eigenbau“ meist nicht zu empfehlen, sondern es sollte eher auf Firmen zurückgegriffen werden, die bereits TÜV-geprüfte Geräte anbieten.

4.2.2 Mittagspause

In vielen Schulen liegt zwischen dem Vormittags- und Nachmittagsunterricht eine – zum Teil gesetzlich vorgeschriebene – Pause von 45 bis 60 Minuten. Neben der Nahrungsaufnahme kann auch diese für verschiedene Aktivitäten genutzt werden.

4.2.2.1 Inhaltliche Grundlagen

Auch die Mittagspause ist Teil der „Bewegten Schule" und kann einen wichtigen Bereich zur Bewegung von Schülern, die Nachmittagsunterricht haben, leisten. Da der Tagesablauf vom Sitzen dominiert wird, kann ein aufforderndes Angebot an Bewegungsmöglichkeiten einen wichtigen Beitrag zum Bewegungsleben leisten.

Ziel ist hier – ähnlich wie beim Pausensport – das Bereitstellen von Bewegungsräumen, in denen sinnvolle Betätigung möglich ist. Neben dem Angebot an Spiel- und Sportgeräten gewinnt hier die Einbeziehung der Spiel- und Rasenflächen der Sportstätten an Bedeutung. Da mittags meist mehr Zeit als in den Vormittagspausen zur Verfügung steht, können Spielgruppen oder -mannschaften als Arbeitsgemeinschaften eingerichtet werden. Auch können die Balancier- und Kletterangebote – soweit vorhanden – gut genutzt werden. Eine sinnvolle Beaufsichtigung und Betreuung der Gruppen durch Lehrer, Tutoren und Eltern sollte gewährleistet sein.

4.2.2.2 Ziele des Sports in der Mittagspause

Gerade in der Mittagspause kommen Ziele wie Selbstorganisation, Konfliktlösung oder soziales Handeln aufgrund der hohen Eigenverantwortlichkeit in besonderem Maße zum Tragen. Der Sportunterricht kann, ja muss den Grundstein für das eigenverantwortliche Spielen legen. Je früher die Kinder lernen ohne das Eingreifen eines Schiedsrichters Spiele und die damit verbundenen Regelübertretungen in den Griff zu bekommen, desto problemloser und freudvoller sind Spiele möglich. Durch Einführung und Vorbereitung auf solche eigenverantwortlichen Spiele kann der Sportunterricht den Schritt zur selbständigen Konfliktlösung erleichtern, der besonders der zunehmenden Zahl an Einzelkindern immer schwerer fällt. Sie sind meist gewohnt, dass sie ihren Willen durchsetzen können, ein Umstand, der in der Gruppe enorme Probleme mit sich bringt.

Auch beim Sport in der Mittagspause lassen sich Zielbereiche des Pausensports verwirklichen: Erfahrungs- und Erlebnisbereich, soziale und kommunikative Bewegung, körperlicher und psychischer Ausgleich und Förderung koordinativer Fähigkeiten.

4.2.2.3 Planungshilfen für die Mittagspause

Um die organisatorischen Voraussetzungen für den Sport in der Mittagspause zu schaffen, sollte möglichst von einer Schülerarbeitsgruppe die Ausgabe der Geräte und die Betreuung der Gruppen organisiert werden; der Aufsicht führende Lehrer und gegebenenfalls Eltern unterstützen die Aktivitäten. Anhand des Stundenplans kann ermittelt werden, welche Klassen und Altersgruppen sich mittags in der Schule aufhalten, damit bei Bedarf ein geeignetes, zielgruppenorientiertes Programm vorbereitet werden kann. Dazu müssen die Wünsche und Bedürfnisse der Kinder und Jugendlichen abgefragt werden.

4.2.3 Nachmittagsbetreuung

Meist sind es Schülerinnen und Schüler, die entweder am späteren Nachmittag noch Unterricht haben oder die nach dem Nachmittagsunterricht aufgrund der ungünstigen Verbindungen nicht gleich nach Hause fahren können, die für Aktivitäten am Nachmittag gewonnen werden können. Darüber hinaus nehmen natürlich auch Schüler, die im direkten Umfeld der Schule wohnen, bei entsprechender Attraktivität gerne an Bewegungsangeboten der Schule teil.

4.2.3.1 Inhaltliche Grundlagen

Die Nachmittagsbetreuung unterscheidet sich nur unwesentlich von der in der Mittagspause, zum Teil bestehen fließende Übergänge. Wenn Schüler z. B. in der neunten und zehnten Stunde noch einmal Unterricht haben, so können sie die Mittagspause und die beiden darauffolgenden Stunden für Bewegungsaktivitäten und die Erstellung von Hausaufgaben nutzen. Eine Betreuung durch ältere Schüler, Eltern und die aufsichtführende Lehrkraft wäre ebenfalls denkbar.

4.2.3.2 Ziele des Sports während der Nachmittagsbetreuung

Selbstorganisation, Konfliktlösung oder soziales Handeln sind auch hier aufgrund der hohen Eigenverantwortlichkeit von großer Bedeutung. Die Zielbereiche des Pausensports sind die gleichen wie in den anderen Pausen: Erfahrungs- und Erlebnisbereich, sozialen und kommunikativen Bewegung, körperlicher und psychischer Ausgleich und Förderung koordinativer Fähigkeiten.

Je attraktiver das Angebot an Bewegung, Spiel und Spaß am Nachmittag ist, desto mehr wird es natürlich wahrgenommen. Je früher es für die Kinder zur Gewohnheit wird, Pausen am Nachmittag für Bewegungsaktivitäten zu nutzen, desto größer ist die Wahrscheinlichkeit, dass sie es noch nutzen, wenn sie schon etwas älter sind. Ein Beitrag zur Reduzierung von motorische Defiziten kann über diesen Weg darüber hinaus geleistet werden.

4.2.3.3 Planungshilfen für die Nachmittagsbetreuung

Bezüglich der Organisation gilt auch hier das gleiche wie bei der Mittagspause. Eine Schülerarbeitsgruppe organisiert die Ausgabe der Geräte und die Betreuung der Gruppen. Aufsicht führende Lehrer und Eltern unterstützen die Maßnahmen. Neben den Schülern, die noch Nachmittagsunterricht haben, müssen bei entsprechender Attraktivität des Programms verstärkt auch Schüler aus dem Umfeld der Schule mitbetreut werden, die nach Erstellung der Hausaufgaben oder auch schon früher an den Aktivitäten teilnehmen wollen. Aber auch das dürfte sich relativ schnell einregeln, da es erfahrungsgemäß, von kleineren Schwankungen abgesehen, immer wieder die gleichen sind, die an den Bewegungsaktivitäten teilnehmen.

5 Ausblick

„Bewegung ist nicht alles, aber ohne Bewegung ist alles nichts.“ Der Inhalt dieser Modifikation des bekannten Satzes von Schopenhauer ist im Prinzip kaum weniger bedeutend als der des Originals, denn unser ganzes Leben besteht aus Bewegung, im wörtlichen und im übertragenen Sinne, ja Bewegung ist Leben, Stillstand ist Tod. Wir überleben, weil wir uns bewegen. Die Erde ist in Bewegung, das Universum ist in Bewegung, selbst die verschiedenen Atome bzw. Moleküle und ihre Einzelteile sind – in Abhängigkeit von ihrem Aggregatzustand – mehr oder weniger schnell in Bewegung.

Auch wenn sich immer mehr Leute immer weniger bewegen, so besteht trotzdem das Innere des menschlichen Körpers aus einem Zusammenspiel von vielen verschiedenen Bewegungen. Auch der ganze Körper ist aufgrund seiner Entwicklung auf Bewegung programmiert. Fehlt sie, kommt es häufig früher oder später zu Funktionsstörungen.

Deshalb muss wieder mehr dafür getan werden, dass die Kinder von klein auf ihr Bedürfnis nach Bewegung ausleben können und dieses Bedürfnis bis ins hohe Alter erhalten bleibt. Dann brauchen wir uns auch sicher keine Gedanken mehr zu machen über die Kostenexplosion im Gesundheitswesen.

Ein kleinen Beitrag können, ja müssen die Schulen leisten, besonders solange die Denkweise und das Planungshandeln der Politiker von der Kurzfristigkeit der Wahlperioden bestimmt wird. Selbst die Zunahme der in den Arztpraxen behandelten Rückenleiden um 3.000 % (!) in den letzten zehn Jahren hat sie genauso wenig auf den Plan gerufen, wie die Tatsache, dass 50 % der Frührenten aufgrund von Rückenleiden gewährt werden, einer Krankheit, bei der Präventivmaßnahmen nachgewiesenermaßen sehr erfolgreich sind.

Dies entlässt die Politiker zwar nicht aus ihrer Verantwortung, aber Eigeninitiative hilft im Moment die sich abzeichnenden schlimmen Folgen der Vogel-Strauß-Politik etwas abzumildern.

Mit diesem Buch werden Ihnen hoffentlich einige Tipps an die Hand gegeben, um etwas mehr Bewegung in ihren Unterricht zu bringen. Vielleicht könnten die Ausführungen auch einige Anregungen geben, die Planung der einen oder anderen Stunde ein wenig zu überarbeiten und mit etwas mehr Bewegung zu versehen.

Das Buch kann natürlich nur einen Einstieg in die vielen Bereiche der „Bewegten Schule" bieten, als Anregung und für erste Bewegungen im täglichen Unterricht. Darüber hinaus gibt es eine Vielzahl weiterer Anregungen in der Literatur. Das umfassende Literaturverzeichnis (siehe 6) ist Ihnen hoffentlich bei der Suche behilflich. Für den Anfang ist es aber völlig ausreichend, wenn sie den einen oder anderen allgemeinen Tipp aus diesem Buch in ihren Unterricht einbauen.

Konkrete Unterrichtsbeispiele zur bewegten Umsetzung des Stoffes in ihrem Fach sind in diesem Buch aufgrund der Vielzahl der Fächer, der Klassen und des Stoffes in jedem Fach zu kurz gekommen. Dazu sind stärker fachbezogene Bücher zur bewegten Schule nötig, die es derzeit, besonders für die weiterführenden Schulen noch kaum gibt. Um Sie auch in Zukunft immer up to date zu halten, sind in diesem Buch (siehe 7.3) auch einige Internetadressen angegeben, mit deren Hilfe Sie sich (hoffentlich) auch weiterhin auf dem neuesten Stand halten können.

6 Literatur

AG Bewegung bewegt: Bewegweiser – ein Beitrag zum ganzheitlichen Unterrichten. Schweizerisches Forum für Bewegung 1994.

Agde, G. / Nagel, A. / Richter, J.: Sicherheit auf Kinderspielplätzen. Wiesbaden, Berlin 1989.

Aigner, A.: Zwei einfache Bewegungsspiele – „Halt dich fit" und „Bewegungsbingo". In: Grundschulmagazin 13 (1998) 6, S. 33–34.

Akademie für Lehrerfortbildung (Hg.): Bewegungspause. Bewegungsförderung im Unterricht. Dillingen 1994.

Altenberger, H. / Fischer, P. R. / Kenntner, B. / Neubert-Klaus, H.: Gesundheitserziehung im Sport: Körpererfahrung und Entspannung. Lehrerhandreichung. Augsburg 1989a.

Altenberger, H. / Fischer, P. R. / Kenntner, B. / Neubert-Klaus, H.: Gesundheitserziehung im Sport: Pausensport. Lehrerhandreichung. Augsburg 1989b.

Amberger, H.: Gesundheit und Bewegung. In: Naturamed 10 (1995) 9, S. 22–26.

Amler, W. / Knörzer, W.: Bewegungspausen im Unterricht. Eine Konzeption für die Lehrerfortbildung. In: Schule als Bewegungsraum. Konzeptionen – Positionen – Konkretionen. Stuttgart 1997, S. 201–212.

Amler, W. / Knörzer, W.: Bewegungspausen. In: Schule, Beruf und Alltag. Heidelberg 1995.

Aschebrock, H.: Tägliche Bewegungszeiten im Unterricht im Kontext eines bewegungsfreudigen Schulprofils. Kindheit und Sport – gestern und heute. Schriftenreihe der dvs, Bd. 76, 1996, S. 13–18.

Aschebrock, H.: Bewegung in der Schulentwicklung! Schulentwicklung ohne Bewegung? In: Sportpädagogik 21 (1997) 4, S. 9–12.

Aschebrock, H.: Auf dem Weg zum Schulprogramm – Fragen und Antworten. In: Stibbe, G. (Hg.): Bewegung, Spiel und Sport als Elemente des Schulprogramms. Baltmannsweiler 1998.

Bachmann, K. / Brügger, T. / Voellmy, L.: Pause und Schulgelände. Möglichkeiten der Veränderung. Zürich 1980.

Balz, E. u. a.: Schulsport – wohin? Sportpädagogische Grundfragen. In: Sportpädagogik 21 (1997) 1, S. 14–28.

Balz, E.: Fachdidaktische Konzepte oder: Woran soll sich der Schulsport orientieren? In: Sportpädagogik 16 (1992) 2, S. 13–22.

Balz, E.: Schulsport ohne Zukunft? In: Sportpädagogik 21 (1997) 6, S. 3–6.

Bambach, H.: Den Kindern beim Aufwachsen helfen. Tageslauf statt Stundenplan in der Bielefelder Laborschule. In: Die Grundschulzeitschrift 6 (1992) 51, S. 34.

Bannmüller, E.: Von der Schachtel zum Schiff. Bewegungserziehung im Schulalltag. In: Die Grundschulzeitschrift 4 (1990) 36, S. 10–13.

BAYER. GEMEINDEUNFALLVERSICHERUNGSVERBAND (BAGUV) (Hg.): Hinweise zur Gestaltung von Schulhöfen, München 1981.

BAGUV (Hg.): Pausenhofunfälle und Pausenhofgestaltung – Ein Unterrichtsprojekt. Best. Nr. GUV 57.1.17 1982.

BAGUV (Hg.): Ein Hof mach Schule. München 1987.

BAGUV (Hg.): Broschüre „Bewegungsfreudige Schule“. Bd. 1: Grundlagen. Schriftenreihe der BaGUV 1997, Nr. 57.1.51.

BAGUV (Hg.): Pause machen – aber sicher. Schriftenreihe der BAGUV 1997, Nr. 57.1.52.

BAGUV (Hg.): Lehrerbriefe zur Unfallverhütung und Sicherheitserziehung: „Bewegungsanlässe im Unterricht.“ Schriftenreihe der BAGUV 1997, Nr. 57.2.255.

BAYERISCHES STAATSMINISTERIUM FÜR UNTERRICHT, KULTUS, WISSENSCHAFT UND KUNST (BStUK) (Hg.): Bewegung macht Schule – Fetzi macht fit! Bewegte Grundschule, Band 1 (Grundlagen). München 1997.

BStUK (Hg.): Bewegung macht Schule – und fit fürs Leben. Bewegte Grundschule, Band 2. München 1998.

Beckmann, G. / Ungerer-Röhrich, U.: Vielfältige Bewegungsangebote und Bewegungsgelegenheiten und ihr Einfluß auf die motorische und soziale Entwicklung von Grundschulkindern. In: Leistung im Sport – Fitness im Leben. dvs-Schriftenreihe Bd. 88, S. 148.

Bieler, A. von: Eine Schule plant und baut ihren Schulhof selbst. In: Sportpädagogik 22 (1998) 6, S. 32–34.

BILDUNGSKAMMER NRW: Zukunft der Bildung – Schule der Zukunft. Neuwied 1995.

BLINKERT, B.: Aktionsräume von Kindern in der Stadt. Eine Untersuchung im Auftrag der Stadt Freiburg. Pfaffenweiler 1993.

BÖS, K. / OBST, F.: Akzeptanz und Wirkung zusätzlicher Sportstunden in der Grundschule. In: Sportpraxis (1997a) 2, S. 44–47.

BÖS, K. / OBST, F.: Akzeptanz und Wirkung zusätzlicher Sportstunden in der Grundschule. In: Leistung im Sport – Fitness im Leben. dvs-Schriftenreihe Bd. 88, Hamburg 1997b, S. 146.

BÖS, K. / OBST, F.: Mehr Unterrichtszeit im Schulsport: die tägliche Sportstunde. In: Sportpädagogik 22 (1998) 1, S. 12–14.

BÖS, K.: Schulsport – wozu? In: Sportpraxis (1997) 1, S. 10–11.

BÖTTGES, M. / HOMP, C.: Bewegtes Lernen in einer bewegten Schule. In: Sportpädagogik 6 (1995), S. 39–41.

BÖTTGES, M.: Eine Grundschule bewegt sich. Von der Bewegungspause zum bewegungsfreundlichen Schulprogramm. In: Die Grundschulzeitschrift 11 (1997) 109, S. 22–45.

BRANDL-BREDENBECK, H.-P.: Die Schule der Zukunft. In: Sportunterricht 47 (1998) 1, S. 1.

BREITHECKER, D.: Die Bewegungspause – psycho-physischer Jungbrunnen. In: Haltung und Bewegung 13 (1993) 2, S. 50–53.

BREITHECKER, D.: Bewegte Schule auch in Deutschland? – Ein Situationsbericht. In: Lehrhilfen für den Sportunterricht 44 (1995) 10, S. 158–160.

BREITHECKER, D.: Haltungsentlastung und Gesundheitsvorsorge in einem „Bewegten Unterricht“ – ein Projektbericht. In: Lehrhilfen für den Sportunterricht 44 (1995) 10, S. 153–157.

BREITHECKER, D.: In die Schule kommt Bewegung. Haltung und Bewegung. Sinnes- und bewegungsaktives Lehren und Lernen im Lebensraum Schule. In:. Haltung und Bewegung 15 (1995) 1, S. 3–18.

BREITHECKER, D.: In die Schule kommt Bewegung. Haltung und Bewegung (Themaheft) 16 (1996) 2.

BREITHECKER, D.: Bewegtes Sitzen – ist das kein Widerspruch? In: Grundschule 28 (1996) 10, S. 21–23.

Breithecker, D.: In die Schule kommt Bewegung. Sinnes- und bewegungsaktives Lehren und Lernen im Lebensraum Schule. In: Schule als Bewegungsraum. Konzeptionen – Positionen – Konkretionen. Stuttgart 1997, S. 61–70.

Breithecker, D.: Handlungsorientiertes und Bewegtes Lernen. In: Haltung und Bewegung 18 (1998) 2, S. 13–17.

Breithecker, D.: In die Schule kommt Bewegung. In: Illi, U. / Breithecker, D. / Mundigler, S. (Hg.): Bewegte Schule – Gesunde Schule. Aufsätze zur Theorie. Zürich 1998, S. 29–41.

Breithecker, D.: Schuldynamik. Richtiges Sitzen in einer bewegten Schule. Tauberbischofsheim 1998.

Breithecker, D.: Forschungsergebnisse zum bewegten Unterricht in Rheinland-Pfalz. In: Illi, U. / Breithecker, D. / Mundigler, S. (Hg.): Bewegte Schule – Gesunde Schule. Aufsätze zur Theorie. Zürich 1998, S. 103–116.

Breithecker, D.: Arbeitsplatz Schule – so ergonomisch wie nötig, so beweglich wie möglich. In: Die Säule 8 (1998) 3, S. 12–18.

Brettschneider, W.-D.: Jammern hilft nicht, Visionen sind gefragt. In: Sportunterricht 47 (1998) 6, S. 220–230.

Brodtmann, D.: Kinder – Bewegung – Gesundheit. In: Sportpädagogik 20 (1996) 5, S. 6–11.

Brodtmann, D.: Risikofaktor Bewegungsmangel. Oder: Was ist wirklich wichtig für die Gesundheit unserer Kinder? In: Die Grundschulzeitschrift 11 (1997) 109, S. 50–54.

Brodtmann, D.: Gesundheitsförderung im Schulsport. In: Sportpädagogik 22 (1998) 3, S. 15–26.

Brunner, H.: Wo steht Bayerns Schulsport? In: Bayerische Schule (1998) 2, S. 66–67.

Buchwald, A.: Anregungen für ein Bewegtes Lernen. In: Haltung und Bewegung 18 (1998) 1, S. 18–21.

BUNDESMINISTERIUM FÜR UNTERRICHT UND KULTURELLE ANGELEGENHEITEN IN ÖSTERREICH (BfUKA) (Hg.): Bewegte Schule. Einführung, Ausgleichsprogramm. Wien 1993.

BfUKA (Hg.): Bewegte Schule. Wertvolle Spiele. Wien 1993.

BfUKA (Hg.): Bewegte Pause. Pausenräume – Pausenträume. Wien 1997.

BURK, K.-H. / HAARMANN, D. (Hg.): Wie viele Ecken hat unsere Schule? II. Schulraumgestaltung: Schulhaus – Schulhof – Schulanlage. Frankfurt 1980.

CLAUSMEYER, J.: Von schlafenden Bären und kochenden Gewitterhexen. Tänzerische Bewegungserziehung in der Grundschule. In: Grundschule 28 (1996) 10, S. 14–16.

COENEN, G.: Der Schulhof als Bewegungsraum. In: Grundschule 28 (1996) 10, S. 17–20.

DAMMANN, B.: Schulräume öffnen. In: Sportpädagogik 22 (1998) 6, S. 40–41.

DANNENMANN, F.: Schule als Bewegungsraum. In: Schule als Bewegungsraum. Konzeptionen – Positionen – Konkretionen. Stuttgart 1997, S. 19–30.

DEIMER, H. / KORINTH, A.: Bewegte Schule – Schüler bewegen sich. In: Körpererziehung 47 (1997) 7 / 8, S. 269–271.

DENNISON, P./DENNISON, G.: Braingym. Freiburg 1994.

DER HESSISCHE KULTUSMINISTER (Hg.): Pausenspielhöfe. Planungshilfen und Anregungen. Wiesbaden 1982.

DER NIEDERSÄCHSISCHE KULTUSMINISTER (Hg.): 150 Stunden. Ideen und Anregungen zur Gestaltung von Schulhöfen in Selbsthilfe. Hildesheim 1982.

DEUTSCHE VERKEHRSWACHT (Hg.): Das „move it"-Buch. Spiele und Übungen zur Bewegungssicherheit. Meckenheim/Rhein 1997.

DIEBSCHLAG, W.: Ergonomie und Ökonomie an Sitzarbeitsplätzen von Erwachsenen und Kindern. In: Die Säule 8 (1998) 3, S. 26–30.

DIECKERT, J.: Spielaktivitäten. Spielbereiche. Spielwert. In: Sekretariat der KM Konferenz – Abt. II. – Zentralstelle f. Normungsfragen und Wissenschaftlichkeit im Bildungswesen (Hg.), Berlin 1988.

DIENERT, M.: Naturerfahrung auf den Schulhof bringen. In: Sportpädagogik 19 (1995) 6, S. 31–38.

DIETRICH, J. / NICOLAI, M.: Ein Lern- und Lebensraum. In: Sportpädagogik 22 (1998) 6, S. 51–56.

DIETRICH, J.: Offene Pause. In: Sportpädagogik 16 (1992) 4, S. 45–49.

DIETRICH, J.: Bewegungsräume. In: Sportpädagogik 16 (1992) 4, S. 16–21.
DIETRICH, K.: Spielräume zum Aufwachsen. In: Sportpädagogik 22 (1998) 6, S. 14–25.
DORDEL, S. / RITTERSHAUSEN, A.: Bewegungsförderung als Entwicklungsförderung? Ein Beitrag zur Effizienz des Sportförderunterrichts in der Primarstufe. In: Haltung und Bewegung 17 (1997) 4, S. 5–24.
DREHER, K. / KRONBERGER, H.: Auf das Spielen in der Pause vorbereiten. In: Sportpädagogik 7 (1983), 1, S. 42–45.
DRENCKHAN, I. / HINSCHING, J.: Schule in Bewegung. In: Sportpädagogik 19 (1995) 6, S. 53–56.
EDINGER-ACHENBACH, S.: Der Schulhof ein Spielraum für Kinder. In: Motorik 16 (1993) 1, S. 13–20.
EHNI, H. / SCHERLER, R.: Begegnungen – Versuch eines Dialogs im reflektierenden Unterricht. In: Die Grundschulzeitschrift 4 (1990) 36, S. 20–24.
EHNI, H.: Bewegungserziehung im Schulalltag. In: Die Grundschulzeitschrift 4 (1990) 36, S. 2–9.
EHNI, H.: Kindliches Bewegungsleben und schulische Bewegungserziehung. In: Schule als Bewegungsraum. Konzeptionen – Positionen – Konkretionen. Stuttgart 1997, S. 87–108.
EICKHOFF, H.: Der gesetzte Mensch. In: ILLI, U. / BREITHECKER, D. / MUNDIGLER, S. (Hg.): Bewegte Schule – Gesunde Schule. Aufsätze zur Theorie. Zürich 1998, S. 171–176.
ELIAS, F.: Mehr Bewegung in der Schule. Die tägliche aktive Bewegungspause. In: Unterrichten / Erziehen (1995) 5, S. 38–41.
ERNWEIN, V. / KELLER, D. / WITTERSHEIM, G.: Schulrhythmen, Bewegung und geistige Leistungsfähigkeit – Zur Gestaltung schulischer Tagesabläufe. In: Schule als Bewegungsraum. Konzeptionen – Positionen – Konkretionen. Stuttgart 1997, S. 137–148.
FERNAU, P. / STÄDTLER, H.: Die Balance halten: Bewegen und Spielen ganz nach Bedarf. In: Sportpädagogik 22 (1998) 3, S. 32–33.
FIRMIN, F.: Was heißt für uns Unterricht? In: Schweizer Forum für Bewegung (Hg.): Bewegweiser – ein Beitrag zum ganzheitlichen Unterrichten. Zürich 1994, S. 58–65.

FISCHER, B. / DICKREITER, B. / MOSMANN, H.: Bewegung und geistige Leistungsfähigkeit – Was ist gesichert? In: ILLI, U. / BREITHECKER, D. / MUNDIGLER, S. (Hg.): Bewegte Schule – Gesunde Schule. Aufsätze zur Theorie. Zürich 1998, S. 131–136.

FISCHER, P. R.: Fit durch gesunde Ernährung. Ein Projekt für den fächerübergreifenden Unterricht. Sportwissenschaftliche Sachbuchreihe „Schule und Gesundheit" Bd. 1. Kissing 1998a.

FISCHER, P. R.: Fit durch gesunde Ernährung. Theoretische Grundlagen, praktische Anwendung. Sportwissenschaftliche Sachbuchreihe „Schule und Gesundheit" Bd. 2. Kissing 1998b.

FLÜCKIGER, F. / STEINLE, A.: Bewegung und Kommunikation. In: ILLI, U./ BREITHECKER, D. / MUNDIGLER, S. (Hg.): Bewegte Schule – Gesunde Schule. Aufsätze zur Theorie. Zürich 1998, S. 177–182.

FLÜCKINGER, E. (Hg.): Handbuch Pausenplatz – Pausenplätze aktiv gestalten. SVSS Bern 1991.

FORSTER, U.: Feuer, Wasser, Blitz... (Manche möchten nur den Kopf in die Schule schicken, aber immer kommt das ganze Kind!) In: Haltung und Bewegung 13 (1993) 2, S. 48–49.

FRANKLIN, E.: Die Ideokinese – Geschichte und Anwendung. In: ILLI, U./ BREITHECKER, D. / MUNDIGLER, S. (Hg.): Bewegte Schule – Gesunde Schule. Aufsätze zur Theorie. Zürich 1998, S. 253–258.

FRITZ, R. / SCHERLER, K.: Umwelt als Bewegungsraum. In: ADL (Hg.): Sport Lehren und Lernen. Schorndorf 1976, S. 198–202.

FUNKE-WIENEKE, J. / HINSCHING, J.: Bewegung und Sport in der Schulkultur – Sportpädagogische Reflexionen und gestaltete Praxis. Referat zum Kongreß des Deutschen Sportlehrerverbandes. Leipzig 1995 (MS).

FUNKE, J. (Hg.): Sportunterricht als Körpererfahrung. Hamburg 1983.

FUNKE-WIENEKE, J.: Vom Sitzraum zum Bewegungsraum. In: Schule als Bewegungsraum Konzeptionen – Positionen – Konkretionen. Stuttgart 1997, S. 109–120.

FUNKE-WIENEKE, J.: Räume? Personen? Personen und Räume. In: Sportpädagogik 22 (1998) 6, S. 18–19.

GAMPP, C. I. / ILLI, U.: Aktiv dynamisches bzw. bewegtes Sitzen. In: Lehrhilfen für den Sportunterricht 44 (1995) 10, S. 145–152.

GASCHLER, P.: Projekt zur „täglichen Bewegungszeit“ in Klasse 1 und 2 der Grundschule. Wissenschaftliche Begleituntersuchung. In: Haltung und Bewegung 13 (1993) 2, S. 19–28.

GASCHLER, P.: „Bewegtes Lernen“ im Sachunterricht der 2. Klasse. In: Haltung und Bewegung 17 (1997) 3, S. 31–35.

GRAF, M.: Bewegung – Haltung: ergonomische Sichtweise. In: Sportunterricht 44 (1995) 10, S. 427–433.

GRAF, M.: Bewegte Lebensräume – Schulmobiliar und Einrichtungen. In: ILLI, U. / BREITHECKER, D. / MUNDIGLER, S. (Hg.): Bewegte Schule – Gesunde Schule. Aufsätze zur Theorie. Zürich 1998, S. 227–232.

GRIESCH, G.: Mit Schülern einen Schulhof gestalten. In: Sportpädagogik 22 (1998) 6, S. 38–39.

GROPENGIESER, I. / OTTO, G. / TILLMANN, K.-J. (Hg.): Schule – zwischen Routine und Reform. Seelze 1994.

GRÖßING, S.: Bewegungskultur und Bewegungserziehung. Schorndorf 1993.

GRÖßING, S.: Bewegung und Kindsein. In: ILLI, U. / BREITHECKER, D. / MUNDIGLER, S. (Hg.): Bewegte Schule – Gesunde Schule. Aufsätze zur Theorie. Zürich 1998, S. 159–162.

GRUPPE, O. / KRÜGER, M.: Sport- oder Bewegungspädagogik? In: Sportunterricht 47 (1998) 5, S. 180–187.

GUGEL, H.: „Bewegte Schule – gesunde Schule“: Informationsstand über das Pilotprojekt in March-Holzhausen. In: Haltung und Bewegung 13 (1993) 2, S. 29–33.

HÄBERER, H. / SCHWABE, U.: Im Mittelpunkt: Entspannung, Fitness, Vielseitigkeit. In: Sportpädagogik 22 (1998) 3, S. 42–43.

HANEL, R. / KEMKES, A. / VOGEL, G.: Der sitzende Schüler – physiologische, anthropologische und pädagogische Überlegungen zum kindlichen Sitzen. In: Haltung und Bewegung 10 (1990) 3, S. 15–20.

HANNIG-SCHOSSER, J.: Warum zappelt Philipp heute so? – Motopädagogik in der Schule. In: Schule als Bewegungsraum. Konzeptionen – Positionen – Konkretionen. Stuttgart 1997, S. 157–168.

HARNOS, H.: Sport in der Schule – Schule im Sport. In: Sportpädagogik 21 (1997) 5, S. 3–9.

HAUNSCHILD, I. / RENKAWITZ, K.: Müde Geister werden munter – Bewegungspausen und Pausenspiele. In: Grundschulmagazin 13 (1998) 6, S. 19–20.

HÄUßER , U. / HÄUßER , J.-D.: Ein Sport- und Spielfest muß her! In: Die Grundschulzeitschrift 4 (1990) 36, S. 28–30.

HEIN-COLLINS, B. / VOGEL, G.: Zur Ergonomie des Sitzens – Die Vermittlerrolle der Pädagogen. In: Haltung und Bewegung 17 (1997) 1, S. 17–29.

HEINY, N.: Bewegung im Klassenraum. Gedanken zur Gestaltung eines bewegungsfreundlichen Klassenraums. In: Die Grundschulzeitschrift 11 (1997) 109, S. 46–49.

HELMS, E.: Aktive Schulpause – Freie Lerngelegenheiten – selbstgesteuertes Lernen und Üben im Schulhof. In: ADL (Hg.): Theorie in der Sportpraxis. Schorndorf 1980, S. 93–98

HENTIG, H. VON: Die Schule neu denken. München, Wien 1993.

HERBOLD, C.: Wir gestalten unsere Spielpause. In: KRETSCHMER, J. (Hg.): Sport und Bewegungsunterricht 1–2. München, Wien, Baltimore 1981. S. 190–206.

HESSISCHES INSTITUT FÜR BILDUNGSPLANUNG UND SCHULENTWICKLUNG (Hg.): Die tägliche Bewegungszeit. Materialien zum Unterricht Heft 26, Wiesbaden 1992.

HILDEBRANDT, R.: Kindgerechte Bewegungsräume. In: Motorik 16 (1993) 1, S. 7–12.

HILDEBRANDT, R.: Lebensweltbezug – Leitmotiv für eine Neuorientierung der Bewegungserziehung in der Grundschule. In: Sportwissenschaft 23 (1993) 3, S. 259–275.

HILDEBRANDT, R.: So kommt Bewegung in die Schule. Konzeptionelle Gedanken zu einer Außenraumgestaltung in Lüneburg. In: Spielraum und Freizeitwert 14 (1993) 4, S. 134–135.

HILDEBRANDT, R.: Neuere Entwicklungen in der Sportpädagogik und ihre Auswirkungen auf die Gestaltung von Spiel- und Bewegungsräumen. In: Sportunterricht 43 (1994) 5, S. 195–202.

HILDEBRANDT, R.: Bewegungsraum Grundschule. In: Sportunterricht 45 (1996) 10, S. 508–514.

HILDEBRANDT, R.: Sozialökologie der Kindheit – Beispiele für eine kindgerechte Bewegungsraumgestaltung. In: SCHMIDT, W. (Hg.): Kindheit und Sport – gestern und heute. dvs-Protokolle Bd. 76, Hamburg 1996, S. 145–154.

HILDEBRANDT, R.: Schule als Bewegungsraum. In: Pluspunkt (1997) 2, S. 6–8.

HILLEBRAND, G.: Mit dem Pedalo über den Schulhof. In: Die Grundschulzeitschrift 4 (1990) 36, S. 26–27.

HINSCHING, J.: Bewegung und Sport im Lebensraum Schule. In: Körpererziehung 45 (1995) 12, S. 410.

HINSCHING, J.: Bewegung und Sport im Lebensraum Schule – Zur Neuorientierung von Schule und Schulsport in den neuen Bundesländern. In: STIBBE, G. (Hg.): Bewegung, Spiel und Sport als Elemente des Schulprogramms: Grundlagen, Ansätze, Beispiele. Baltmannsweiler 1998, S. 43–53.

HÖLTER, G.: Schule als Bewegungsraum? – Überlegungen zu Mobilität und awarness – Desomatisierung und Triebkontrolle. In: Schule als Bewegungsraum. Konzeptionen – Positionen – Konkretionen. Stuttgart 1997, S. 121–124.

Hölter, G.: Vom Wert des Sitzens in der Schule. In: Sportpädagogik 22 (1998) 3, S. 5–6.

HÖLTERSHINKEN, D. / KASÜSCHKE, H.-P.: Unfälle vor und nach der Umgestaltung von Schulhöfen. In: Pluspunkt (1983) 4, S. 4–6.

HÖLTERSHINKEN, D.: Keine Angst vor Umgestaltung der Schulhöfe. Verband Bildung und Erziehung (Hg.). Hamm o. J.

HÖLTERSHINKEN, D.: Schulhöfe – Spezialisierung und Koordination. In: Dt. Gesellschaft für Freizeit e.V. (Hg.) Spielplatzbau und spielgerechte Wohnumwelt. Düsseldorf 1980.

HÖLTING, N.: Funktionen des Schulhofes an allgemeinbildenden Schulen. In: Sport und Kultur – Sports et Civilisations, Fribourg 1982 7 A. Bern u. a. 1985, S. 81–86.

HOMFELDT, G. / SCHWANER-HEITMANN, B.: Eine Schule setzt sich in Bewegung. In: ILLI, U. / BREITHECKER, D. / MUNDIGLER, S. (Hg.): Bewegte Schule – Gesunde Schule. Aufsätze zur Theorie. Zürich 1998, S. 241–247.

HOPPSTÄDTER, J. / HEINE, E.: Den ganzen Tag in der Schule – mit Bewegung. In: Sportpädagogik 19 (1995) 6, S. 50–52.

HOSCHK, A.: Auch die Pausen gehören zum Schulbetrieb. Jugendgemäße Pausengestaltung – ein Beitrag zur humanen Schule. In: Leibeserziehung 44 (1990) 3, S. 19–20.

HOTZ, A.: Bewegungsräume – Spielräume. In: ILLI, U. / BREITHECKER, D. / MUNDIGLER, S. (Hg.): Bewegte Schule – Gesunde Schule. Aufsätze zur Theorie. Zürich 1998, S. 163–169.

HUNDELOH, H.: Tägliche Bewegungszeit als Schutz vor Unfällen. In: Sportpädagogik 19 (1995) 6, S. 8–13.

HUNGER, I.: Handlungsorientierungen von Erzieherinnen bei der Durchführung von Bewegungsstunden im Kindergarten. In: Schule als Bewegungsraum. Konzeptionen – Positionen – Konkretionen. Stuttgart 1997, S. 71–86.

IHRE, J.: Ausgleich durch Eutonie. In: Sportpädagogik (1986) 1, S. 24–28.

ILLI, U. / BREITHECKER, D. / MUNDIGLER, S. (Hg.): Bewegte Schule – Gesunde Schule. Aufsätze zur Theorie. Zürich 1998.

ILLI, U. / PÜHSE, U.: Bewegte Schule – das schweizerische Beispiel. In: Schule als Bewegungsraum. Konzeptionen – Positionen – Konkretionen. Stuttgart 1997, S. 43–52.

ILLI, U.: Sitzen als Belastung. Aspekte des Sitzens: Lehrunterlagen. Ismaning 1991.

ILLI, U.: Bewegter Unterricht. In: Sporterziehung in der Schule 103 (1992) 2, S. 22–23.

ILLI, U. (Hg.): Sitzen als Belastung. Praxis Schulstunde PMSI. Ismaning 1993a.

ILLI, U.: Sitzen als Belastung ... wir sitzen zuviel. Projekt: Bewegte Schule. In: Haltung und Bewegung 13 (1993b) 2, S. 11–18.

ILLI, U.: Die Bewegte Schule – Bewegung als Beitrag zur Gesundheitsvorsorge im Lebensraum Schule. In: Rückhalt 2 (1994), S. 16–27.

ILLI, U.: Leben ist Bewegung – Bewegung ist Leben. In: Sporterziehung in der Schule 105 (1994) 4, S. 31–32.

Illi, U.: Bewegte Schule. Die Bedeutung und Funktion der Bewegung als Beitrag zu einer ganzheitlichen Gesundheitsbildung im Lebensraum Schule. In: Sportunterricht 44 (1995) 10, S. 404–415.

Illi, U.: Vom Sitzen als Belastung zum Konzept der „Bewegten Schule". In: Illi, U. / Breithecker, D. / Mundigler, S. (Hg.): Bewegte Schule – Gesunde Schule. Aufsätze zur Theorie. Zürich 1998, S. 1–19.

Immeyer, F.: Eine neue Sitzkultur. In: Die Säule 8 (1998) 1, S. 28–29.

Irmischer, T.: Thesen zur Bewegungserziehung. In: Illi, U. / Breithecker, D. / Mundigler, S. (Hg.): Bewegte Schule – Gesunde Schule. Aufsätze zur Theorie. Zürich 1998, S. 151–158.

Jacobsen, E.: Progressive Relaxation. Chicago 1961.

Jansen, H.: Erprobung eines erzieherischen Konzepts zur Haltungs- und Bewegungsschulung in der Grundschule – ein Projekt der Wolfsbuchschule Stuttgart-Weilimdorf. In: Haltung und Bewegung 13 (1993) 2, S. 36–42.

Jürgens, H.: Zur Problematik von Körpermaßen und Normierung des Schulgestühls. In: Haltung und Bewegung 10 (1990) 3, S. 6–9

Kahl, H.: Bewegungsförderung im Unterricht. Einfluß auf Konzentration, Verhalten und Beschwerden (Befinden) – Evaluationsergebnisse. In: Haltung und Bewegung 13 (1993) 2, S. 36–42.

Kahl, H.: Forschungsergebnisse zu Bewegungsaktivitäten im Unterricht Berlin. In: Illi, U. / Breithecker, D. / Mundigler, S. (Hg.): Bewegte Schule – Gesunde Schule. Aufsätze zur Theorie. Zürich 1998, S. 95–101.

Kammler, H.: Modell der materialen Umgestaltung eines Schulpausenhofes in einen Pausenspielhof – dargestellt am Beispiel der Dünsberg-Gesamtschule in Erda. In: Schriftenreihe des Dt. Sportlehrerverbandes (DSLV), Heft 6, Bern 1980.

Kästel, I.: „Liebe Frau Kestel, Yoga ist schön." In: Die Grundschulzeitschrift 4 (1990) 36, S. 19.

Kleindienst-Cachay, C.: Verschläft die Fachdidaktik die Zukunft der Grundschule? In: Sportunterricht 47 (1998) 6, S. 231–242.

KLEINER, K.: Von einer Schule, die bewegt, zu einer Bewegung, die schult. In: ILLI, U. / BREITHECKER, D. / MUNDIGLER, S. (Hg.): Bewegte Schule – Gesunde Schule. Aufsätze zur Theorie. Zürich 1998, S. 59–69.

KLIMT, F.: Die Schulpause unter besonderer Berücksichtigung der Aktiven Pause – Repetitorium. In: Schriftenreihe des Dt. Sportlehrerverbandes (DSLV), Heft 6, Bern 1980.

KLUPSCH-SAHLMANN, R.: Schulleben – Bewegungsleben – Sportunterricht. In: KÖPPE, G. / KOTTMANN, L. (Hg.): Schulleben. Mit Sport Bewegung in die Schule bringen. Hohengehren 1991, S. 33–51.

KLUPSCH-SAHLMANN, R.: ...aber immer kommt das ganze Kind. In: Sportpädagogik 19 (1995) 2, S. 4–9.

KLUPSCH-SAHLMANN, R.: Bewegte Schule. In: Sportpädagogik 19 (1995) 6, S. 14–22.

KLUPSCH-SAHLMANN, R.: Bewegte Grundschule. In: Die Grundschulzeitschrift 11 (1997) 109, S. 6–13.

KLUPSCH-SAHLMANN, R.: Themenbezogenes Bewegen im Unterricht. Ein Ideenmarkt. In: Die Grundschulzeitschrift 11 (1997) 109, S. 14–21.

KLUPSCH-SAHLMANN, R.: Bewegungspause (Material). In: Die Grundschulzeitschrift 11 (1997) 109.

KLUPSCH-SAHLMANN, R.: Zum pädagogischen Ansatz einer Bewegten Schule. In: Schule als Bewegungsraum. Konzeptionen – Positionen – Konkretionen. Stuttgart 1997, S. 31–42.

KLUPSCH-SAHLMANN, R.: Sich für Bewegung Zeit nehmen. Aus dem gegenwärtigen und zukünftigen Grundschul-Alltag. In: Sportpädagogik 22 (1998) 1, S. 30–34.

KLUPSCH-SAHLMANN, R.: Mehr Bewegung in der Grundschule. Berlin 1999.

KÖBERLE, R.: Bewegungsräume als Unterrichtsprinzip. In: Schule als Bewegungsraum. Konzeptionen – Positionen – Konkretionen. Stuttgart 1997, S. 11–14.

KÖCKENBERGER, H.: Bewegungsräume. Dortmund 1996.

KOENEN, M.: Treffpunkt: Pausenhof. In: Grundschule 22 (1990) 1, S. 31–34.

KOFINK, H.: Erklärung des Deutschen Sportlehrerverbandes. Leipzig 1995. In: Sportunterricht 44 (1995) 4, S. 172–175.

KOFINK, H.: Schulsport ist ein eigenständiger und unaustauschbarer Bereich von Bildung und Erziehung. In: Körpererziehung 46 (1996) 12, S. 402.

KOLB, M.: Ruhe, Konzentration und Entspannung. In: Sportpädagogik 19 (1995) 6, S. 61–66.

König, C.: Klettern als Pausensport. In: Sportpädagogik 19 (1995) 6, S. 57–60.

KÖSTER, R.: Bewegung, Spiel und Sport als Begleiter von Orientierungsstufe bis zum Abitur – Überlegungen zur Einbindung des Fachbereichs Sport in das Schulprogramm eines Gymnasiums. In: STIBBE, G. (Hg.): Bewegung, Spiel und Sport als Elemente des Schulprogramms: Grundlagen, Ansätze, Beispiele. Baltmannsweiler 1998, S. 76–86.

KOTTMANN, L. / KÖPPE, G.: Mit Sport Bewegung in die Schule bringen. Hohengehren 1991.

KOTTMANN, L. / KÜPPER, D. / PACK, R.-P.: Mehr Bewegung in die Schule! In: Körpererziehung 42 (1992) 10, S. 354–359.

KRAATZ-RÖPER, A. / BARDE, H.-U.: „Sportgarten“? Platz der unbegrenzten Möglichkeiten. In: Sportpädagogik 22 (1998) 6, S. 45–50.

KRAFT, M.: Move it. Eine Initiative zur Bewegungsförderung in der Schule. In: Pluspunkt (1997) 2, S. 8–9.

KRAFT, M.: Bewegung schafft Sicherheit. In: Grundschulmagazin 13 (1998) 6, S. 4–6.

KRETSCHMER, J.: Bewegungs- und Spielgeräte für den Sportunterricht und die Bewegungspause. In: Die Grundschulzeitschrift 4 (1990) 36, S. 25.

KRETSCHMER, J.: Draußen sein – sich Bewegen mit allen Sinnen. In: Die Grundschulzeitschrift 4 (1990) 36, S. 30–32.

KRETSCHMER, J.: Ist der Klassenraum ein Bewegungsraum? In: Sportpädagogik 16 (1992) 4, S. 42–44.

KREUZSCHULE MUSSUM: Auf unserem Schulhof bewegt sich was. In: Sportpädagogik 19 (1995) 6, S. 28–30.

KROWATSCHEK, D.: Reisen mit dem Zauberteppich – Entspannung in der Schule. In: Grundschulmagazin 13 (1998) 6, S. 15–18.

KRUMSCHMIDT, T.: Der Bewegungsraum. In: Sportpädagogik 22 (1998) 3, S. 34–35.

KÜHL, R.: Gestaltung der Pause und des Schulhofes in der Grundschule. Hg. von der Stadt Hamburg, Behörde für Schule und Berufsbildung. Hamburg 1981.

KUNTZ, S.: Die Motopädagogik – Lernen durch Bewegung. In: ILLI, U. / BREITHECKER, D. / MUNDIGLER, S. (Hg.): Bewegte Schule – Gesunde Schule. Aufsätze zur Theorie. Zürich 1998, S. 145–149.

KUNZ, T.: Weniger Unfälle durch Bewegung. Hofmann, Schorndorf 1993a.

KUNZ, T.: 15 Minuten Bewegung reichen schon. In: Pluspunkt (1993) 4, S. 4–6

KUNZ, T.: Bewegungsförderung und interkulturelle Kompetenz. In: Schule als Bewegungsraum. Konzeptionen – Positionen – Konkretionen. Stuttgart 1997, S. 169–176.

KÜPPER, D. / KOTTMANN, L.: Pausensport als Bewährungsfeld für den Sportunterricht. In: ADL (Hg.): Schüler im Sport. Sport für Schüler. Schorndorf 1984.

KURZHALS, H.: Bewegungsparcours – Regenbogen-Grundschule Neukölln. In: Sportpädagogik 22 (1998) 6, S. 35–37.

LAGING, R. / SIEBERT, H.: Kopfüber – Bewegungserlebnisse im Turnen. In: Grundschule 28 (1996) 10, S. 24–27.

LAGING, R.: Bewegung in die Schule. In: Die Grundschulzeitschrift 7 (1993) 70, S. 8–15.

LAGING, R.: Schulsport als bewegte Schulkultur. In: Sportpädagogik 21 (1997) 1, S. 62–65.

LAGING, R.: Die Bewegungswerkstatt – Ein bewegter Lernort. In: Sportunterricht 46 (1997) 6, S. 517–529.

LANDAU, G. / SOBCZYK, B.: Bewegung in der Schule – Schule in Bewegung. Kindheit und Sport – gestern und heute. Schriftenreihe der dvs Bd. 76, Hamburg 1996, S. 139–145.

LANDESZENTRALE FÜR GESUNDHEITSFÖRDERUNG IN RHEINLAND-PFALZ (Hg.): Bewegte Schule zieht Kreise. Dokumentation der Fachtagung vom 5. Juni 1997.

Larsen, Ch. / Nyffeler, R.: Spiraldynamik – Das Einmaleins der Bewegungskoordination. In: Illi, U. / Breithecker, D. / MUNDIGLER, S. (Hg.): Bewegte Schule – Gesunde Schule. Aufsätze zur Theorie. Zürich 1998, S. 248–252.

Laurisch, H. / Burmeister, C.: Aktive Pause. Anregungen für bewegte Pausen. Hg.: Behörde für Schule, Jugend und Berufsbildung, Amt für Schule, Hamburg. Hamburg 1997.

Lehrl, S. / Fischer, B.: Gehirn-Jogging: Selber denken macht fit. Ebersberg 1994.

Liebisch, R.: Bewegungspausen für Schüler sind zwingend erforderlich! In: Haltung und Bewegung 10 (1990) 3, S. 31–34.

Löschhorn, W.: Tägliche Bewegungszeit im Klassenraum. Köln 1991.

Lütgeharm, R.: Besser lernen in einer bewegungsfreudigen Schule. München 1997.

Macher-Meyenburg, R.: Bewegte Schule – das österreichische Beispiel. In: Schule als Bewegungsraum. Konzeptionen – Positionen – Konkretionen. Stuttgart 1997, S. 53–60.

Marlovits, A.: Sich Bewegen und Empfinden – bewegungspsychologische Überlegungen. In: Illi, U. / Breithecker, D. / Mundigler, S. (Hg.): Bewegte Schule – Gesunde Schule. Aufsätze zur Theorie. Zürich 1998, S. 212–222.

Mertens, K. / Wasmund-Bodenstedt, U.: Zehn Minuten Bewegung. Dortmund 1991.

Michler-Hanneken, A. / Bockenhorst, R. / Liebisch, R.: Bewegungspausen im Unterricht. GUVV Westfalen-Lippe 1994.

MINISTERIUM FÜR KULTUS, JUGEND UND SPORT BADEN-WÜRTTEMBERG (MFKJS BW) (Hg.): Reihe „Bewegung, Spiel und Sport in der Schule“: Broschüre: „Die Verbindung von Lernen und Bewegung als pädagogisches Prinzip in der Grundschule“. 1997.

MFKJS BW (Hg.): Reihe „Bewegung, Spiel und Sport in der Schule“: Broschüre: „Anregungen zur Gymnastik im Klassenzimmer“. 1997.

MFKJS BW (Hg.): Reihe „Bewegung, Spiel und Sport in der Schule“: Broschüre: „Schule aktiv – ein Bewegungs- und Entspannungsprogramm für den Unterricht“. 1997.

MFKJS BW (Hg.): Reihe „Bewegung, Spiel und Sport in der Schule“: Broschüre: „Spielideen zur täglichen Bewegungszeit in der Grundschule und Orientierungsstufe“. 1997.

MINISTERIUM FÜR SCHULE UND WEITERBILDUNG IN NORDRHEIN-WESTFALEN / DIE AOK IN NORDRHEIN-WESTFALEN (Hg.): Mehr Bewegung in die Schule. Ideen für eine bewegungsfreudige Gestaltung des Unterrichts in Grund- und Sonderschulen. 1996.

MINISTERIUM FÜR SCHULE UND WEITERBILDUNG IN NORDRHEIN-WESTFALEN / GUV WESTFALEN-LIPPE / AOK IN NORDRHEIN-WESTFALEN (Hg.): Mehr Bewegung in die Schule. Ideen für eine bewegungsfreundliche Gestaltung des Unterrichts in Grund- und Sonderschulen. 1998.

MOEGLING, B. / MOEGLING, K.: Sanfte Körpererfahrung. Kassel 1984.

MOEGLING, K.: Schulentwicklung – Schulkultur – Bewegung und Sport. In: Sportunterricht 47 (1998) 2, S. 54–56.

MÜLLER, C. / PETILLON, H.: Forschungsprojekt – Entwicklung und Erprobung eines pädagogischen Konzeptes „Bewegte Grundschule“. Dresden / Landau 1995.

MÜLLER, C. / VOLKMER, M.: Entwicklung eines pädagogischen Konzeptes „Bewegte (Grund-)schule“. Kindheit und Sport – gestern und heute. Schriftenreihe der dvs Bd. 76, 1996, S. 119–130.

MÜLLER, C.: Bewegung im Leben von Kindern. In: Wissenschaftliche Zeitschrift TU Dresden 45 (1996) 3, S. 59–67.

MÜLLER, C.: Zur Bedeutung der Bewegung für die Entwicklung der Kinder. In: Sportpraxis (1997) 4, S. 40–43.

MÜLLER, C.: Bewegte Schule und Schulsport. In: Pädagogik 47 (1997) 5, S. 174–180.

MÜLLER, C.: Längsschnittstudie zum Konzept Bewegte Grundschule Dresden. In: ILLI, U. / BREITHECKER, D. / MUNDIGLER, S. (Hg.): Bewegte Schule – Gesunde Schule. Aufsätze zur Theorie. Zürich 1998, S. 87–93.

MÜLLER, E.: Entspannungsmethode in der Rehabilitation. Grundlagen und Anwendung der gezielten Selbstentspannung in Herzgruppen. Erlangen 1978.

MÜLLER E.: Du spürst unter deinen Füßen das Gras. Autogenes Training in Phantasie- und Märchenreisen. Vorlesegeschichten. Frankfurt/Main 1983.

MUNDIGLER, S.: Bewegung als integrale Funktion von Bildung und Erziehung. In: ILLI, U. / BREITHECKER, D. / MUNDIGLER, S. (Hg.): Bewegte Schule – Gesunde Schule. Aufsätze zur Theorie. Zürich 1998, S. 21–28.

NELLSEN, U.: Ein Montagmorgen in der 2a. In: Sportpädagogik 19 (1995) 6, S. 42–46.

OBERSCHACHTSIEG, B.: Jonglieren – ein Angebot für alle. In: Sportpädagogik 19 (1995) 6, S. 23–27.

OBST, F.: Der Sitzball in der Schule. In: Sportpraxis 39 (1998) 1, S. 21–24.

OMSELS, H.-J.: Auf dem Weg zum bewegungsfreudigen Schulprogramm 2000 an weiterführenden Schulen – und nicht nur dort! In: Lehrhilfen für den Sportunterricht 47 (1998) 10, S. 145–147.

ORTH, I. / PETZOLD, H.: Heilende Bewegung. In: ILLI, U. / BREITHECKER, D. / MUNDIGLER, S. (Hg.): Bewegte Schule – Gesunde Schule. Aufsätze zur Theorie. Zürich 1998, S. 183–199.

ORTLIEB, G.: Pausensport an der Neuberg – Grundschule Dossenheim. In: Schule als Bewegungsraum. Konzeptionen – Positionen – Konkretionen. Stuttgart 1997, S. 177–178.

PACK, R.-P.: Bewegungsfreudige Schulen in Nordrhein-Westfalen – Ein Pilotprojekt macht Schule. In: Stibbe, G. (Hg.): Bewegung, Spiel und Sport als Elemente des Schulprogramms: Grundlagen, Ansätze, Beispiele. Baltmannsweiler 1998, S. 64–75.

PETZOLD, R.: Schulhofspiele. Bautzen 1994.

PFEIFER, K.: Lockerungsübungen – Kein Lernen ohne richtige Bewegung. In: Grundschulmagazin 13 (1998) 6, S. 21–22.

PHILIPP, E.: Gute Schule verwirklichen. Weinheim 1992.

POLZIN, M. (Hg.): Neue Initiativen in der Grundschule und drei Stunden Sport in Sachsen. In: Körpererziehung 46 (1996) 10, S. 355.

Polzin, M. (Hg.): Bewegung, Spiel und Sport in der Grundschule. Fachliche und fächerübergreifende Orientierung. Frankfurt/M. 1992.

Polzin, M.: Sindbads Reisen. Bewegungskünste – integriert in ein Projekt. In: Grundschule 28 (1996) 10, S. 12–14.

Portmann, R. / Schneider, E.: „Wollt Ihr wohl endlich stillsitzen!" In: Die Grundschulzeitschrift 4 (1990) 36, S. 14–18.

Priessemuth, H.: Unsere Schule – ein wichtiger und beliebter Bewegungsort. In: Pädagogik 47 (1997) 5, S. 182–186.

Pühse, U.: Bewegte Schule – eine bewegungspädagogische Perspektive. In: Sportunterricht 44 (1995) 10, S. 416–426.

Pühse, U.: Bewegte Schule im Spiegel sozial-ökologischer Veränderungen. In: Illi, U. / Breithecker, D. / Mundigler, S. (Hg.): Bewegte Schule – Gesunde Schule. Aufsätze zur Theorie. Zürich 1998, S. 43–57.

Pühse, U. / Illi, U. (Hg.): Bewegung ist Leben. Die Bedeutung von Bewegung und Sport im Lebensraum Schule. Ein Kongressbericht; Basel, 13.–14. Juni 1997. Schorndorf 1999.

Rauch, M.: Schulhofhandbuch. Langenau, Albeck 1981.

Reinhardt, B.: Podiumsdiskussion: Sitzen, aber wie und worauf? Alternative Sitzmöbel – Pro und Kontra. In: Reinhardt, B. (Hg.): Die orthopädische Rückenschule. Uelzen 1991, S. 99–118.

Riegger, S.: Regenpause – Schulräume mit Bewegung füllen. In: Sportpädagogik 22 (1998) 6, S. 42–44.

Roddis, M. / Bartels, F.: Das Schulkinderprojekt. In: Sportpädagogik 22 (1998) 6, S. 26–31.

Rusch, H. / Thiemann, F.: Straßenspiel im Wandel. In: Sportpädagogik 22 (1998) 6, S. 10–12.

Samaras, D. / Schlicht, W. / Volck, G.: Dynamisches Sitzen. In: Sportunterricht 47 (1998) 9, S. 348–358.

Scherler, K.: Die Instrumentalisierungsdebatte in der Sportpädagogik. In: Sportpädagogik 21 (1997) 2, S. 5–11.

Scherler, K.: Der Schulhof als Bewegungsraum. In: Die Grundschule 10 (1978), 8, S. 352–356.

SCHEUERER, R.: Von der Bilder- zur Geräuschgeschichte – Motivationen für die sprachliche Schulung. In: Grundschulmagazin 13 (1998) 6, S. 29–32.

SCHIERZ, M.: Sportunterricht und sein (möglicher) Beitrag zur Allgemeinbildung. In: Pädagogik 47 (1997) 5, S. 44–48.

SCHIERZ, M.: Pädagogische Schulreform – Hoffnungsträger oder Schreckensvision des Schulsports? In: Körpererziehung 47 (1997) 5, S. 163–167.

SCHLUMPF, U.: Wir sitzen zuviel – auch in der Schule. In: Sporterziehung in der Schule 100 (1990) 8, S. 7–9.

SCHMID, P.: Bewegung ist Leben – ist das ganze Leben Bewegung. In: ILLI, U. / BREITHECKER, D. / MUNDIGLER, S. (Hg.): Bewegte Schule – Gesunde Schule. Aufsätze zur Theorie. Zürich 1998, S. 200–209.

SCHMIDT, G.: Modellanlage für „Pausensport“ am Bildungszentrum Mössingen. In: Sportunterricht 30 (1981), 6, S. 224–231.

SCHMIDT, J.: Vom Schul- zum Spielhof. In: Schul-Management 8 (1977), 6, S. 524–527.

SCHMIDT, W.: Veränderte Kindheit – veränderte Bewegungswelt: Analysen und Befunde. In: Sportwissenschaft 27 (1997) 2, S. 143–161.

SCHMIDT, R. / WOLL, A. / BÖS, K.: Gesundheitsförderung in Schulen. Grundlagen und Darstellung ausgewählter Projekte. In: Sportunterricht 44 (1995) 6, S. 236–248.

SCHMITT-DIETRICH, K.: Laute spielerisch erfahren – Lautanalyse durch Bewegung. In: Grundschulmagazin 13 (1998) 6, S. 25–28.

SCHMÜCKER, R.: Die „tägliche Bewegungszeit“ – Anregungen für die Praxis. In: Grundschulmagazin 13 (1998) 6, S. 10–14.

SCHRENK, H. / FLOCKERZIE K.: Spielideen zur täglichen Bewegungszeit in der Grundschule und Orientierungsstufe. In: Schule als Bewegungsraum Konzeptionen – Positionen – Konkretionen. Stuttgart 1997, S. 149–156.

SCHRENK, H. / FLOCKERZIE K.: Die Schule bewegt sich. Spielideen zur täglichen zur täglichen Bewegungszeit in der Grundschule und Orientierungsstufe. Bewegung Spiel und Sport in der Schule. Weilheim/Teck o. J.

SCHULBAUINSTITUT DER LÄNDER (Hg.): Praktische Planungshilfen zur Gestaltung von Schulhöfen. Kurzinformation 16. Berlin 1980.

SCHULZ, N.: Mit der Zeit gehen – zur Aktualisierung von Schulsportinhalten. In: Sportunterricht 43 (1994), S. 492–503.

SCHÜNEMANN, S.: Freiräume an Schulen. Beiträge zur räumlichen Planung. Schriftenreihe des Fachbereichs Landespflege der Universität Hannover. Hannover 1983.

SCHUPP, J.-M.: Bewegte oder bewegungsfreudige Schule. In: Schule in Balance 1 (1995), S. 15–26.

SCHWABE, U.: Schulen bewegen sich. In: Grundschulmagazin 13 (1998) 6, S. 7–9.

SCHWANER-HEITMANN, B.: Bewegung und Gesundheit als Leitmotive der Schulentwicklung. In: Drescher, B. (Hg.): Schulen in Bewegung – Annäherung an gesundheitsfördernde Schulen. Bielefeld 1995, S. 1–23.

SCHWIER, J.: Der Schulsport und die beschleunigte Jugendkultur. In: Sportunterricht 47 (1998) 1, S. 13–21.

SCHWINGER, L.: Schule als Bewegungsraum – Begrüßung zum Expertengespräch. In: Schule als Bewegungsraum. Konzeptionen – Positionen – Konkretionen. Stuttgart 1997, S. 15–18.

SCHYBECK, M.: Bewegte Schule – Bewegter Unterricht: Ein Konzept für verhaltensauffällige Kinder? In: Haltung und Bewegung 16 (1996) 1, S. 21–27.

SENN, E.: Die Bedeutung der Bewegung in der menschlichen Entwicklung. In: ILLI, U. / BREITHECKER, D. / MUNDIGLER, S. (Hg.): Bewegte Schule – Gesunde Schule. Aufsätze zur Theorie. Zürich 1998, S. 117–130.

SOBCZYK, B.: Die Essener Bewegungsbaustelle. In: Sportpädagogik 19 (1995) 6, S. 47–49.

SOBCZYK, B.: Raum – Bewegung – Sicherheit. In: Kindersicherheit, was wirkt? Wien 1997, S. 282–286.

SOBCZYK, B.: Sich richtig halten, sich gut bewegen – das mobile Klassenzimmer. In: Die Grundschule 30 (1998) 1, S. 35–36.

SOBOTA, R.: Bewegung kommt in den Unterricht. In: Pluspunkt (1997) 2, S. 4–5

STADT KÖLN: Unser Schulhof ist spitze. Gestaltete Pausenhöfe an Kölner Schulen. Köln o. J.

STÄDTLER, H.: „Bewegte Schule – Schule als lernendes System im Stadtteil". Ein EXPO 2000-Projekt macht Schule. In: Haltung und Bewegung 18 (1998) 2, S. 14–19.

STIBBE, G. (Hg.): Bewegung, Spiel und Sport als Elemente des Schulprogramms: Grundlagen, Ansätze, Beispiele. Baltmannsweiler 1998.

STÜBING, A.-D., / LUTZ, B.: Die Tägliche Bewegungszeit. Materialien zum Unterricht, Primarstufe, Heft 26, Sport 6. Wiesbaden 1992.

STÜSSI, E. / ATTINGER, D.: Biomechanische Belastung der Wirbelsäule. In: ILLI, U. / BREITHECKER, D. / MUNDIGLER, S. (Hg.): Bewegte Schule – Gesunde Schule. Aufsätze zur Theorie. Zürich 1998, S. 233–240.

Themaheft „Bewegte Grundschule". Die Grundschulzeitschrift 11 (1997) 109.

Themaheft „Bewegte Schule – bewegtes Leben". Haltung und Bewegung 13 (1993) 2.

Themaheft „Bewegte Schule". Grundschulmagazin 13 (1998) 6.

Themaheft „Bewegte Schule". Sportunterricht 44 (1995) 10.

Themaheft „Bewegte Schule". Sportpädagogik 19 (1995) 6.

Themaheft „Bewegung in die Schule". Grundschulzeitung 70 (1993).

Themaheft „Bewegungserziehung im Schulalltag". Die Grundschulzeitschrift 4 (1990) 36.

Themaheft „Die Schule in Bewegung bringen". Die Grundschule 28 (1996) 10.

Themaheft „In die Schule kommt Bewegung". Haltung und Bewegung 16 (1996) 2.

Themaheft „Sitzen? Note Mangelhaft!" Haltung und Bewegung 10 (1990) 3.

TITTEL, K.: Funktionelle Anatomie der Wirbelsäule als Grundlage für die Beurteilung ihrer Belastbarkeit. In: Die Säule 8 (1998) 2, S. 6–9.

TREBELS, A.: Das dialogische Bewegungskonzept. Eine pädagogische Auslegung von Bewegung. In: Sportunterricht 41 (1992) 1, S. 20–29.

Tretop, H.-P.: Sicherheit auf dem Schulhof. In: Pluspunkt (1979) 1, S. 11–13.

Treutlein, G.: Das Rad neu erfinden? Französische Grundschulreformen am Beispiel des „tiers temps pédagogique". Tendenzen, Umsetzungsprobleme und Erfahrungen. In: Schule als Bewegungsraum. Konzeptionen – Positionen – Konkretionen. Stuttgart 1997, S. 125–136.

Treutlein, G.: Mehr Bewegung in die Schule – am Beispiel der franz. Grundschulformen. In: Illi, U. / Breithecker, D. / Mundigler, S. (Hg.): Bewegte Schule – Gesunde Schule. Aufsätze zur Theorie. Zürich 1998, S. 77–86.

Ullmann, R.: Bewegungs(t)raum Schule – Veränderungen beginnen in den Köpfen der Lehrer und Lehrerinnen. In: Schule als Bewegungsraum. Konzeptionen – Positionen – Konkretionen. Stuttgart 1997, S. 179–200.

Vetter, M.: Was lernt man eigentlich in einer Bewegungslandschaft? In: Praxis der Psychomotorik. Zeitschrift für Bewegungserziehung 23 (1998) 1, S. 4–12.

Vogel, G.: Von der Sitzschule zur Bewegungsschule. In: „Nehmt die Kinder (wahr), wie sie sind" (Berichte und Arbeitsmaterialien der Workshoptagung im Beratungszentrum Integration, Hamburg) 1996, S. 59–69.

Vogel, G.: Der sitzende Schüler – physiologische und pädagogische Überlegungen zum Sitzen in der Schule. In: IPTS Arbeitspapiere zur Unterrichtsberatung Landesinstitut Schleswig-Holstein, Kronshagen 1995, S. 5–16.

Vogel, G.: Wirbelsäulengerechtes Sitzen in der Schule – Gesunder Kinderrücken. In: Deutsche Gesellschaft für gesundheitsfördernde Schulen, Mainz 1997.

Vogel, G.: „Zur Nachahmung empfohlen" Bericht über eine Resolution der Landeselternversammlung Gesamtschulen Saarland. In: Haltung und Bewegung 3 (1997), S. 41–42.

Vogel, G. / Breithecker, D. / Maierski, U.: Rückenschule für Kinder und Jugendliche aus orthopädischer Sicht. In: Haltung und Bewegung 2 (1992), S. 15–22.

VOGEL, G. / HEIL, P. / MIES, K.: Forschungsprojekt – Untersuchungen zum Sitzverhalten von Schülern. In: die Säule (Organ des Forum Gesunder Rücken – besser Leben) Wiesbaden 7 Jg. 2 / 1997, S. 38–40.

VOGEL, G. / SCHULTHEIS, M. / HEIN, B.: Empirische Untersuchungen an Schulmöbeln. In: Haltung und Bewegung 4 (1993), S. 9–25.

VOGEL, G.: Zum Thema. In: Haltung und Bewegung 3 (Themaheft: Sitzen – Note mangelhaft) (1990), S. 4–5.

VOLKMER, M.: Pausenspiele im Klassenzimmer. Leipzig 1996.

WASMUND-BODENSTEDT, U.: Tägliche Bewegungszeit. In: Grundschule, 5/1982, S. 282–232.

WASMUND-BODENSTEDT, U.: Die tägliche Bewegungszeit in der Grundschule. Schorndorf 1984.

WASMUND-BODENSTEDT, U.: Die Rolle der Bewegungserziehung für die Gesundheitserziehung in der Grundschule. In: GISSEL, N.: 1920–1990. Institut für Körperkultur, Leibesübungen und Sportwissenschaft an der Universität Gießen. Festschrift zum 70. Gründungstag. Gießen 1991, S. 97–11.

WEIß, O.: Perspektiven von Bewegung und Sport in der Schule. In: ILLI, U. / BREITHECKER, D. / MUNDIGLER, S. (Hg.): Bewegte Schule – Gesunde Schule. Aufsätze zur Theorie. Zürich 1998, S. 223–226.

WETTSTEIN, F.: Die gesundheitstheoretische Perspektive einer bewegten Schule. In: ILLI, U. / BREITHECKER, D. / MUNDIGLER, S. (Hg.): Bewegte Schule – Gesunde Schule. Aufsätze zur Theorie. Zürich 1998, S. 71–75.

WÖRLE, M.: Gesundheitsorientierte Fitness – Fächerintegration verstärkt den Lerneffekt. In: Grundschulmagazin 13 (1998) 6, S. 23–24.

WOLL, M. / MÜLLER, R. (Red): Die Schule bewegt sich. Die Verbindung von Lernen und Bewegung als pädagogisches Prinzip in der Grundschule. Bewegung Spiel und Sport in der Schule. Weilheim/Teck o. J.

ZIMMER, R. / CICURS, H.: Kinder brauchen Bewegung – Brauchen Kinder Sport? Aachen 1992.

ZIMMER, R.: Sport und Spiel im Kindergarten. Aachen 1992, S. 16–21.

ZIMMER, R.: Leben braucht Bewegung – Förderung der ganzheitlichen Entwicklung durch Bewegung. In: Haltung und Bewegung 15 (1995) 3, S. 4–14.

ZIMMER, R. (Hg.): Bewegte Kindheit. Kongressbericht; Osnabrück, 29.02.–02.03.1996. Schorndorf 1997.

ZIMMER, R.: Die Schule in Bewegung bringen. In: Grundschule 28 (1996) 10, S. 8.

ZIMMER, R.: Den Körper als Verbündeten gewinnen. In: Grundschule 28 (1996) 10, S. 9–11.

ZIMMER, R.: Handbuch der Bewegungserziehung. Didaktisch-methodische Grundlagen und Ideen für die Praxis. Freiburg 1997.

ZIMMER, R.: Lernen mit allen Sinnen. In: ILLI, U. / BREITHECKER, D. / MUNDIGLER, S. (Hg.): Bewegte Schule – Gesunde Schule. Aufsätze zur Theorie. Zürich 1998, S. 137–143.

7 Anhang

7.1 Stichwortverzeichnis

Seite

A

B

C

D

E

F

G

H

P

Q

R

S

T

U

V

Y

Z

7.2 Abbildungsverzeichnis

Seite

7.3 Hinweise auf Internetadressen und auf Video

Informationen zu diesem Thema lassen sich natürlich auch immer aktuell über Suchmaschinen abfragen. Erwähnt werden sollen hier allerdings einige Adressen, die sich mit dem Thema befassen und bei denen man sich – hoffentlich auch in Zukunft – über aktuelle Entwicklungen zu diesem Thema informieren kann:

- Projektgruppe der Universität Regensburg:
  http://www.uni-regensburg.de
- Projektgruppe der Universität Hamburg:
  http://www.rrz.uni-hamburg.de/forum/
- Tägliche Bewegungszeit in Baden-Württemberg:
  http://www.ghwrs-frommern.bl.bw.schule.de/page8.html
  und
  http://www.semghs.bl.bw.schule.de/arbsem/bewsch/mks.htm
- Niedersächsisches Kultusministerium:
  http://www.nibis.ni.schule.de/~beschule/
- Das Bundesministerium für Unterricht und kulturelle Angelegenheiten in Wien/Österreich präsentiert das Thema „Bewegte Schule" unter:
  http://ww.bmuk.gv.at/pschulen/wettproj/bewegt.htm
- Bewegte Mathematik findet man uter:
  http://www.dbs.schule.de/db/rp/mlesen.html
  bzw. unter
  http://www.muenster.de/~stauff/bewmath.html

Zusammenfassende Informationen auf Video zu diesem Thema:

- Frankenfernsehen: Pulsschlag „Bewegte Schule" (25:14 min);
  Franken Funk und Fernsehen GmbH,
  Weinstraße 70, 91058 Erlangen.

7.4 Informationen für Eltern und Lehrer

7.4.1 Beispiel eines Elternrundbriefes

So könnte ein Elternrundbrief aussehen, der über die „Bewegte Schule“ informiert:

Sehr geehrte Eltern,

wie Sie vielleicht von Ihrem Kind gehört haben, wollen wir in unsere Schule mehr Bewegung bringen. Die „Bewegte Schule“, die neben dem Pausenaktivitäten auch Bewegungs- und Entspannungspausen während des Unterrichts umfasst, soll dazu beitragen, dass ihr Kind den Unterrichtsstoff noch besser aufnehmen kann. Wissenschaftliche Untersuchungen haben gezeigt, dass gezielt eingebaute Pausen nicht nur zur Auflockerung des Unterrichts beitragen, sondern die Konzentrationsfähigkeit verbessern und damit einen Beitrag zur Verbesserung der Aufnahmefähigkeit leisten.

Um das Gelingen dieses Vorhabens zu gewährleisten, sind wir auch auf Ihre Mithilfe angewiesen. Bitte unterstützen Sie unsere Aktion, in dem Sie auch zu Hause ihre Kinder verstärkt zu Aktivitäten anhalten. Auch bei der Anfertigung von Hausaufgaben erleichtert der Einbau von kurzen Bewegungs- oder Entspannungspausen den Erhalt der Konzentrationsfähigkeit und ermöglicht eine schnellere Erledigung. Tipps zur Gestaltung solcher Pausen geben wir Ihnen bei unserem Elternabend zu diesem Thema.

____________ (für die Schulleitung) ____________ (für den Elternbeirat) ____________ (für die AG „Bewegte Schule“)

▼ Geben Sie diesen Abschnitt Ihrer Tochter/Ihrem Sohn bis … mit!▼

Zum Schluss bitten wir Sie, uns noch folgende Fragen zu beantworten und diesen Abschnitt Ihrem Kind bis … mitzugeben.

Haben Sie Interesse an Informationen zum Thema „Bewegte Schule“?
Ja ❐ Nein ❐

Wieviele Stunden nutzt Ihr Kind für Bewegung und Spiel?
<1h ❐ 1h ❐ 1–2h ❐ 2h ❐
2–3h ❐ 3h ❐ 3–4h ❐ >4h ❐

Haben Sie Interesse an einem Elternabend zu diesem Thema? Ja ❐ Nein ❐

____________ Name der Schülerin / des Schülers ______ Klasse ____________ Unterschrift des Erziehungsberechtigten

7.4.2 Beispiel einer Einladung zum Elternabend

So etwa könnte eine Einladung zu einem Informationsabend über das Thema „Bewegte Schule“ aussehen:

Sehr geehrte Eltern,

wie wir bei unserem letzten Schreiben angekündigt haben, führen wir einen Elternabend zum Thema „Bewegte Schule“ durch.

Wir beabsichtigen, an diesem Abend die Wichtigkeit von Bewegung innerhalb und außerhalb der Schule zu erläutern und geben Ihnen einen Einblick in die geplanten Aktivitäten sowie über den Verlauf der Projektwoche vom … bis …

Neben einer Einführung in die Thematik steht die Behandlung Ihrer Fragen auf dem Programm. Darüber hinaus erhalten Sie eine Informationsbroschüre zu diesem Thema. Auch die geplante Umgestaltung des Pausenhofs wird vorgestellt und diskutiert. Wir würden uns freuen, wenn auch Sie daran teilnehmen könnten.

________________ (für die Schulleitung)   ________________ (für den Elternbeirat)   ________________ (für die AG „Bewegte Schule“)

▼ Geben Sie diesen Abschnitt Ihrer Tochter/Ihrem Sohn bis … mit! ▼

Am Elternabend zum Thema „Bewegte Schule“

❐ nehme ich mit … weiteren Person(en) teil,
❐ nehme ich nicht teil.

________________ Name der Schülerin / des Schülers   ________ Klasse   ________________ Unterschrift des Erziehungsberechtigten

7.4.3 Informationen für Eltern und Elternbeirat

Rundbrief an die Eltern zu einer Projektwoche

Sehr geehrte Eltern,

wie Sie vielleicht von Ihrem Kind gehört haben, haben wir vom … bis … eine Projektwoche unter dem Motto „Bewegte Schule und Sport" geplant. Wir beabsichtigen, in dieser Woche die Wichtigkeit der „Bewegten Schule" zu erläutern. Immer mehr Kinder leiden aufgrund von Bewegungsarmut unter motorischen Störungen. Auch gesundheitliche Probleme wie Übergewicht und Herz-Kreislauferkrankungen haben ihre Ursache oft in zu geringer Bewegung.

Wie wichtig dieses Thema bereits geworden ist, zeigt die Tatsache, dass zahlreiche Krankenkassen dieses Projekt aktiv unterstützen, denn Bewegungsmangel in der Jugend hat hohe Kosten im Erwachsenenalter für die Kassen zur Folge.

Um das Gelingen dieses Vorhabens zu gewährleisten, sind wir auch auf Ihre Mithilfe angewiesen. „Bewegte Schule" benötigt Materialien und natürlich auch finanzielle Hilfe. Vielleicht können Sie uns ja unterstützen!

____________	____________	____________
(für die Schulleitung)	(für den Elternbeirat)	(für die AG „Bewegte Schule")

▼ Geben Sie diesen Abschnitt Ihrer Tochter/Ihrem Sohn bis … mit! ▼

Zum Abschluss bitten wir Sie, uns noch folgende Fragen zu beantworten und diesen Abschnitt Ihrem Kind bis … mitzugeben (Zutreffendes bitte ankreuzen).

Haben Sie Interesse an Informationen zum Thema „Bewegte Schule"? ❒ Ja ❒ Nein

Achten Sie selbst auf ausreichend Bewegung? ❒ Ja ❒ Nein

Können Sie die BS finanziell oder mit Material unterstützen? ❒ Ja ❒ Nein

Wären Sie eventuell bereit an einer AG „Bewegte Schule" mitzuarbeiten, die sich aus Eltern, Lehrern und Schülern zusammensetzt? ❒ Ja ❒ Nein

benötige noch Informationen ❒

____________	______	____________
Name der Schülerin / des Schülers	Klasse	Unterschrift des Erziehungsberechtigten

Informationen des Elternbeirats

Ergänzend zum Brief der Schule können natürlich auch von der Elternvertretung Informationen an die Eltern herausgegeben werden. Auf jeden Fall sollte der Elternbeirat und eventuell weitere Fachleute und Interessierte aus dem Elternkreis von Anfang an mit eingebunden werden.
Die Information könnte zum Beispiel folgende Aspekte zur „Bewegten Schule“ enthalten:

Informationen	Beispiele
Ziele der „Bewegte Schule“	• Probleme des Bewegungsmangels besonders im Kindes- und Jugendalter und die Folgen, • Vorbildwirkung der Eltern, Einfluss der neuen Medien.
Bisherige Aktionen	• Gründung einer AG „Bewegte Schule“, Vorbereitung der Projektveranstaltung.
Geplante Aktionen	• Projektwoche „Bewegte Schule“ zur Einführung in die Thematik.
Vorschläge des Elternbeirats	• Einrichtung einer Elternbetreuung für den Mittag und Nachmittag • Betreuung von Aktivitäten durch die Schüler.

7.4.4 Wichtige Bekanntmachungen im Kollegenkreis

Neben der frühzeitigen mündlichen und schriftlichen Information zur Umsetzung von Modulen der „Bewegten Schule“ und allgemeinen Anmerkungen zu Planung und Durchführung sollten die Lehrkräfte der beteiligten Schulen durch folgende Aushänge am „Schwarzen Brett“ über die geplanten Aktivitäten informiert werden:

- ❑ allgemeine inhaltliche Information,
- ❑ geplante Aktionen,
- ❑ AG „Bewegte Schule“,
- ❑ Informationsmaterial für Lehrer zur Umsetzung von Bewegungspausen im Unterricht und zur Betreuung des Pausensports,
- ❑ Fortbildung für Lehrer zur Umsetzung von Bewegungspausen und zur Betreuung des Pausensports.

Allgemeine inhaltliche Information

Aushang 1:

Liebe Kolleginnen und Kollegen! Wie Sie vielleicht gehört oder in der Aula gesehen haben, findet vom ... in der ... (HS und/oder RS und/oder Gymn. und/oder GS) eine Projektwoche zum Thema „Bewegte Schule“ statt. Wir beabsichtigen, in dieser Woche Schülern, Eltern und auch Ihnen als Lehrer die Wichtigkeit von Bewegung zu erläutern. Die Schüler werden durch Informationstafeln (in der Aula/im Eingangsbereich des ...) in die Thematik eingeführt. Ein Kreuzworträtsel zu dieser Thematik, das von der Fa./Krankenkasse ... ... mit Sachpreisen unterstützt wird, soll das Interesse zusätzlich wecken. Der genaue Ablauf der Woche (mit den besonderen Aktivitäten der einzelnen Tage) wird noch ausgehängt. Um das Gelingen dieses Vorhabens zu gewährleisten, sind wir auch auf Ihre Mithilfe angewiesen. Wir wären Ihnen dankbar, wenn Sie versuchen würden, im Unterricht einzelne Aspekte (z. B. Bewegungspausen) während dieser Woche umzusetzen.

Geplante Aktionen

In Anlehnung an den Plan der „Bewegte Schule“ sollte eine Information für die Kolleginnen und Kollegen am Schwarzen Brett hängen.

Aushang 2:

Programm der Projektwoche „Bewegte Schule“

AG „Bewegte Schule“

Mit folgendem Aushang kann bei den Lehrern für weitergehende Aktionen geworben werden; ein gleichlautendes Schreiben kann auch an die Eltern bzw. den Elternbeirat gehen. Ziel einer solchen Arbeitsgemeinschaft wäre es u. a. folgende Maßnahmen zu initiieren:

- ❑ dauerhafte Änderung des Bewegungsverhaltens
- ❑ regelmäßige Informationsabende zum Thema „Bewegte Schule“
- ❑ jährliche Informationsabende für die Schüler der 5. Jahrgangsstufe und deren Eltern zum Thema „Bewegte Schule“
- ❑ Planung weiterer Projektwochen
- ❑ Planung von „Wander“-tagen, Sportwochen u. ä.

Aushang 3:

Betrifft: AG „Bewegte Schule“

Wir wollen das Thema „Bewegte Schule“ zu einer Dauereinrichtung an unserer Schule machen. Sollten Sie bereit sein, in einer solchen Arbeitsgemeinschaft mitzuarbeiten, tragen Sie bitte Ihren Namen in diese Liste ein.

____

____

____

Vielen Dank!

Hinweise zu Vertretungsstunden

Folgender Aushang stellt zum einen eine Erleichterung für das Abhalten der unbeliebten Vertretungsstunden dar und ermöglicht weitere Bewegungszeiten für die Schüler ohne zusätzlichen Stundenaufwand.

Aushang 4:

Liebe Kolleginnen und Kollegen _______! (der GS/der RS/der HS/des Gymn. X)

1. Betrifft: Vertretungsstunden

Im Rahmen der Projektwoche „Bewegte Schule“ und natürlich auch danach würden wir uns freuen, wenn Sie die Pausenaktivitäten auch in den Vertretungsstunden nutzen würden, um einen Beitrag zu mehr Aktivität zu leisten.
Die Materialien finden Sie im Raum … , den Schlüssel hierfür erhalten Sie bei … .
Bitte nutzen Sie das Angebot, wann immer Sie Vertretungsstunden halten und keine wichtigen Argumente dagegen sprechen.

Danke!

7.5 Beispiel für Entspannungsgeschichten

Das Beispiel ist aus Müller (1978), S. 115–117 entnommen und zeigt eine von vielen Möglichkeiten des Autogenen Trainings mit Hilfe einer Entspannungsgeschichte (Text wurde der „Du-Form“ angepasst.).

„Bitte sucheDir einen Punkt an der Decke, und halte Du ihn mit den Augen fest, fixiere Du ihn ganz stark. Je mehr Du ihn festhälst, desto lockerer wird Dein Körper, wie Du leicht feststellen kannst. Mit jedem Atemzug merkst Du, wie Dein Körper flacher, breiter, immer mehr aufliegt. Du wirst lockerer, immer entspannter, immer ruhiger. Nichts erzwingen, alles kommt wie von selbst. Du denkst an nichts mehr, nur daran, dass Du den Punkt festhalten willst. Du hast auch schon bemerkt, dass der Punkt einmal scharf zu sehen ist und dann wieder unscharf wird. Und er wird wieder unscharf und langsam wieder scharf. Und Du bemerkst, dass Deine Augäpfel zu brennen begonnen haben, so als wollten sie tränen. Aber Du hälst den Punkt weiterhin ganz fest und wirst dabei immer ruhiger und dösiger und schläfriger. Du wirst müde, nichts mehr denken – nur noch Ruhe. Du bemerkst auch, dass Deine Augenlider leicht vibrieren, weil sie schwerer geworden sind. Und je schwerer sie sind, desto mehr möchtest Du die Augen schließen und sich ganz diesem schlafähnlichen Zustand hingeben. Sie machen aber nur das, was Du wirklich willst. Wenn sich die Augen schließen wollen, dann schließen sie sich; wenn Du die Augen offen behalten willst, dann behaltest Du sie offen. Erst wenn Du die Augen schließen willst, weil sie so schwer geworden sind, lasst Du die Augenlider einfach fallen und geben sich ganz der Ruhe und diesem schlafähnlichen Zustand hin.

Jetzt hast Du die *Augen* geschlossen, das Brennen der Augäpfel hört auf, und Du befindest Dich jetzt ganz in diesem Zustand der Ruhe, des angenehmen Wohlbefindens und der Entspannung. Nichts kann Dich mehr in diesem Zustand stören – Geräusche sind ganz gleichgültig und werden nur mehr von ganz weit weg wahrgenommen, ganz dumpf, sie sind ja für Dich ohne Bedeutung. Nur mehr mit meiner Stimme bist Du mit der Umwelt verbunden; alles andere ist weit entfernt und ohne Gültigkeit. Du gibst Dich ganz hin: einfach fallen lassen, immer ruhiger werden, sich hingeben und fallen lassen. Gedanken sind verschwunden, alles entwickelt sich wie von selbst. Sie gaben sich ganz dem Zustand der Dösigkeit und Schläfrigkeit hin, diesem angenehmen, ruhigen Zustand.

Und eine *Schwere* fällt von der rechten Schulter aus durch den rechten Arm, den Oberarm, den Unterarm, die Hand bis in die Fingerspitzen. Sie ist im Oberarm, im Unterarm bis hinunter zu den Fingerspitzen. Die gleiche Schwere in dem linken Arm. Sie ist im Oberarm, im Unterarm, in der Hand und in den Fingerspitzen. Die Schwere fällt auch durch beide Beine; vom Becken aus fällt sie durch beide Oberschenkel, durch beide Unterschenkel, in beide Füße fällt sie hinein bis in die Zehenspitzen. Bleischwer fällt sie durch beide Beine ganz hinunter. Beide Beine sind jetzt bleischwer, ganz angenehm schwer; so wie beide Arme ganz angenehm schwer sind. Beide Arme und Beine sind ganz angenehm schwer wie Blei. Und diese Schwere macht den schlafähnlichen Zustand noch angenehmer, noch ruhiger und gibt Dir dieses wohle Gefühl der Ruhe, aus dem Dich nichts herausbringen kann."

„Und der fallenden Schwere folgt die strömende *Wärme*. Von der rechten Schulter aus strömt sie in den rechten Oberarm, den Unterarm, in die Hand und die Fingerspitzen. Die gleiche Wärme in den linken Arm, den Oberarm, den Unterarm, die Hand und in die Fingerspitzen. Der linke Arm ist ganz warm. Die gleiche Wärme strömt der fallenden Schwere nach in die Beine. Vom Becken aus durch beide Oberschenkel, beide Unterschenkel, beide Füße bis hinunter in die Zehenspitzen. Beide Beine sind jetzt ganz warm; beide Beine und beide Arme sind angenehm warm. Und die Schwere und die Wärme vertiefen den angenehm-ruhigen Zustand der Schläfrigkeit und der Entspannung.

Und die *Atmung* ist ruhig und regelmäßig, es ist wie auf einer Luftmatratze, die auf dem Meer sanft schaukelt. Man braucht sie nicht zu bewegen und zu steuern, sie bewegt sich von ganz alleine, ganz regelmäßig, immer auf und ab und auf und ab wird sie von der sanften Dünung des Meeres gehoben. Es ist ein angenehmes Schaukeln in der Dünung.

Und das *Herz* schlägt ruhig, kräftig, gleichmäßig; gleichmäßig, kräftig, ruhig schlägt das Herz.
Und auf die Luftmatratze scheint die Sonne. Sie schickt ihre Strahlen auf Deinen *Bauch*. Und Dein Bauch wird von den Strahlen der Sonne strömend warm, und er schickt selbst diese Strahlen weiter, so dass der ganze Bauch strömend warm wird. Vom Magen aus zur linken Seite und von der linken Seite zum Becken und vom Becken zur rechten Seite und von der rechten Seite zurück zum Magen. Und so ist der ganze Bauch selbst strömend und strahlend warm, angenehm warm.
Die gleiche Wärme strahlt aus vom *Nacken* zur rechten *Schulter* und von der rechten Schulter zurück zum Nacken; und vom Nakken zur linken Schulter und von der linken Schulter zurück zum Nacken. So strömt die Wärme immer hinüber und herüber, hinüber und herüber, ganz im sanften Rhythmus der Dünung des Meeres, immer hin und her. Und diese Nackenwärme wird bestehen bleiben, auch wenn wir uns aus diesem angenehmen, schlafähnlichen Zustand wieder lösen.

Der *Kopf* aber ist leicht, und seicht schwebt er über der Luftmatratze, und er ist frei und klar. Klar und frei schwebt er ganz leicht und seicht über der Luftmatratze. Und eine weiche Brise streicht über das Meer, eine angenehm-kühle Brise streicht leicht über das Meer und erfasst Deine Stirn, so dass Deine Stirn selbst angenehm kühl wird. Deine *Stirn* ist angenehm kühl von der sanften Brise, die über das Meer streicht. Und nichts mehr kann Dich aus diesem angenehm ruhigen Zustand der Dösigkeit und Schläfrigkeit, der Schwere, Wärme und Ruhe mehr herausbringen. Nur mehr meine Stimme verbindet Dich mit der Umwelt.

Du hast jetzt noch etwas Zeit, Dich an etwas Schönes zu erinnern, und Du kannst damit machen, was Du willst, es wird ganz angenehm sein. Du hast jetzt etwas Zeit ...
Und auch diese Gedanken ziehen sich wieder zurück, Du läßt sie einfach weiterlaufen. Das graue Dunkel des Schlafs umgibt Dich wieder, immer stärker und ist wieder ganz um Dich herum. Die Gedenken sind weg, verschwunden. Du empfindest nur wieder diese wohlige Wärme in Deinem Körper, die angenehme Schwere an Deinem Körper und die gelöste Ruhe in Dir, diesen Zustand der Ausgeglichenheit, des Hingegebenseins, der Sammlung und Konzentration nach innen.
Und wir lösen uns jetzt wieder aus diesem Zustand; Du wirst dich dann völlig frisch fühlen, ganz ohne Unbehagen, ohne Schwindelgefühl oder Kopfweh, ganz munter und wach und voll leistungsfähig. Auf „1“ werden die Beine frei und leicht werden. Auf „2“ werden die Arme frei und leicht werden. Auf „3“ wird der Körper frei und leicht, die Atmung wird tief. Auf „4“ sind beide Arme und Beine frei, leicht und voller Energie. Auf „5“ ist der Körper ganz frei und leicht, die Atmung tief und kräftig. Und auf „6“ wirst Du die Augen öffnen, und dann wirst Du frisch und munter sein wie nach einem erquickenden Schlaf. Wir nehmen uns jetzt gemeinsam zurück: „1!“ Die Beine werden frei und leicht! „2!“ Die Arme werden frei und leicht! „3!“ Der Körper wird frei und leicht, die Atmung tief! „4!“ Beide Arme und Beine sind frei, leicht und voller Energie! „5!“ Der Körper ist ganz frei und leicht, die Atmung ist tief und kräftig! „6!“ Du öffnest die Augen und bist frisch und munter wie nach einem erquickenden Schlaf!“

7.6 Beispiel für eine Pausenhofgestaltung

(nach ALTENBERGER u. a. 1989, 21)

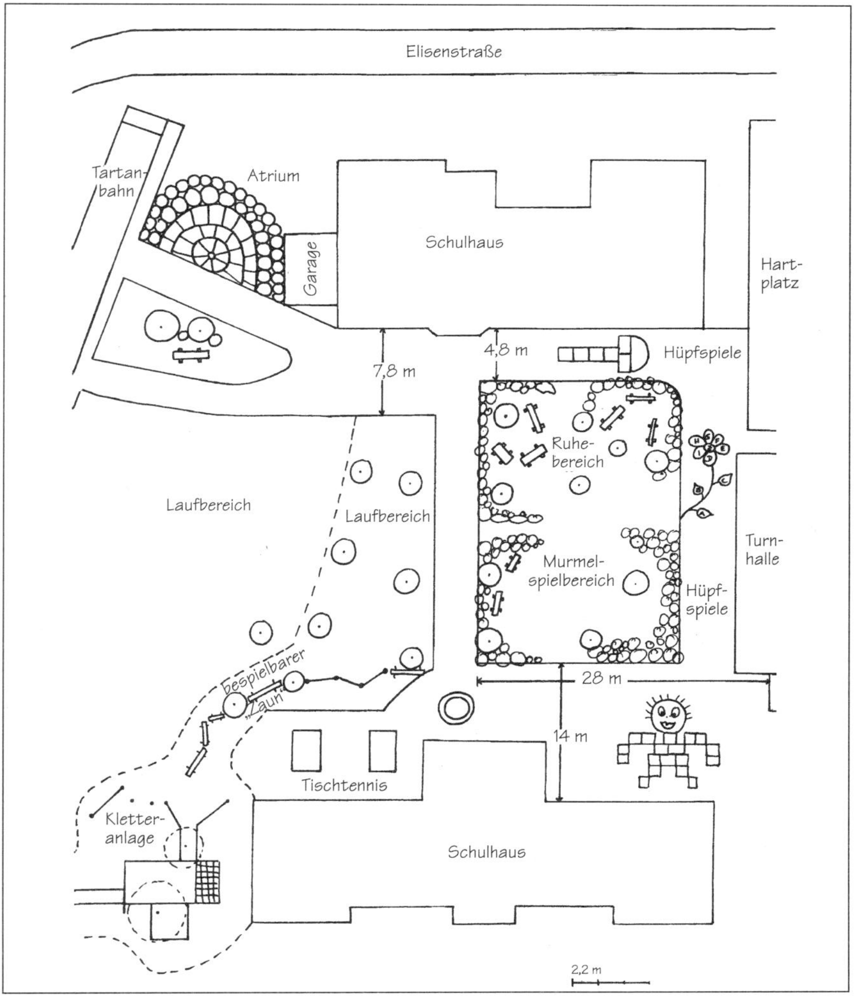

Abbildung 11: Pausenhofgestaltung